# AUJOURD'HUI JE DANSE ENFIN AVEC LA VIE !

COMMENT NOUS LIBÉRER DE NOS CROYANCES LIMITANTES, AVOIR CONFIANCE EN SOI ET EN FINIR AVEC LE STRESS, L'ANXIÉTÉ ET L'ANGOISSE

MANUELA ROSSELL

ISBN n°978-2-9585729-0-7

Dépôt légal : novembre 2022

Éditeur : Terre Happy Zzzen

Publication : Sarreguemines, France, 2022

Couverture et mise en page : editersonlivre.com

*A toutes celles et ceux qui ont vécu, ou vivent encore des périodes sombres. Puisse la lumière éclairer votre chemin.*

*A ma fille, Emy, puisse-t-elle grandir dans la joie et l'amour et accueillir les moments plus difficiles avec sagesse et espoir.*

*Et à toutes les personnes qui ont été là pour moi, qui m'ont soutenue, aimée et guidée.*

# TABLE DES MATIÈRES

# PRÉFACE

Par où commencer cette préface suite à la lecture de ce livre ? Wow je suis impressionné !

Je vais commencer avec mon ressenti du moment.

Ce que je viens de lire me rend particulièrement fier et heureux de voir l'une de mes étudiantes et aujourd'hui mon amie, Manuela, nous livrer ses connaissances et ses histoires avec autant de détachement et de bienveillance.

Je me rappelle avoir accompagné Manuela plusieurs années et surtout l'avoir vue et revue s'entraîner, tomber et se relever afin de développer une grande maîtrise des principes de vie de la pleine conscience intégrative.

Cette femme a acquis beaucoup de connaissances au fil des années. Vous allez rapidement vous en rendre compte dans ce livre. Mais d'abord et avant tout, pour moi, c'est une femme qui avant même d'écrire ce livre et d'avoir obtenu le titre de « coach » ou d'accompagnante mieux-être, a marché le terrain, comme on dit !

Ce que je veux dire par là, c'est qu'elle a non seulement obtenu de beaux certificats pour enseigner, mais elle a aussi souffert. Elle s'est perdue à plusieurs reprises, elle a perdu son sens, elle a testé dans l'expérience directe et elle s'est fait une tête sur les grands principes du vivant.

Aujourd'hui, c'est une femme d'une grande sagesse, centrée et bien ancrée qui vous accompagne et vous partage les fruits de ses recherches.

Ce que j'aime chez Manuela, c'est qu'elle ose et en même temps, elle se permet d'être vulnérable, vraie dans son processus de libération. J'ai vu de mes yeux cette femme se transformer; et aujourd'hui la voir donner le jour à ce livre, c'est pour moi un grand moment de joie car je sais par où elle est passée.

Ce livre vous permettra de mieux vous comprendre, vos schémas, vos mécanismes, mais aussi vous permettra de vous transformer. Prenez le temps de bien appliquer les principes partagés et les exercices proposés.

Ce livre est un bijou qui a été créé avec beaucoup de recherche et de bienveillance.

Que cette lecture puisse vous aider à voir plus clair dans votre quête de mieux-être.

François Lemay

# RESSOURCES OFFERTES

En complément de ce livre, je vous offre un pack de ressources que vous pouvez récupérer dès à présent en scannant ce QR code :

*Ou en vous rendant directement sur : https://qrco.de/bdRklL*

Vous y trouverez les schémas du livre et le tableau de TCC (thérapie cognitivo-comportementale) pour vous permettre de faire les exercices plus facilement.

Vous recevrez aussi tous les fichiers audio et les liens YouTube pour profiter des exercices de méditation, de sophrologie, d'hypnose et d'EFT (Technique de libération émotionnelle).

# INTRODUCTION

> *Aimer la vie, c'est pouvoir entrer dans son mouvement, avec ses joies et ses peines. Découvrir que l'on peut dire oui même aux peines. Apprendre que même dans la peine, je peux déployer la beauté et la splendeur de mon humanité. Et par là, dire oui à la vie.*
>
> — *FABRICE MIDAL*

J'ai longtemps pensé que la vie était un long fleuve tranquille. Je pensais qu'aimer un homme qui met fin à ses jours, se faire agresser, avoir des problèmes de santé à rester alité des mois, faire des crises d'angoisse, des crises de panique .... Cela n'arrivait qu'aux autres, ou dans les films. Cela me paraissait être dans une autre dimension.

Non, la vie n'est pas un long fleuve tranquille mais on peut apprendre à danser avec elle.

Il m'aura fallu 10 ans pour le comprendre et des expériences souvent douloureuses. Je lisais souvent 3-4 livres de développement personnel en même temps, écoutais toutes les vidéos qui pouvaient m'apporter une solution, faisais des formations les unes derrières les autres. Je ne me rendais pas compte que mes vacances, mes loisirs s'étaient transformés en apprentissage, voire en fuite de la vie.

J'étais devenue boulimique de connaissances. Je pensais que celle-ci allait me sauver de ma souffrance que je portais depuis l'enfance. Ce sentiment de n'être pas à la hauteur, pas assez... Pas assez bien, pas assez intéressante, pas assez jolie, pas assez intelligente et j'en passe. Cette peur d'être jugée, d'être rejetée, de ne pas être aimée qui tourbillonnait sans cesse dans mon mental.

Ma mère me racontait d'ailleurs souvent cette histoire. Je devais avoir une dizaine d'années et j'avais invité deux amies que j'aimais beaucoup pour jouer. Mais il n'aura pas fallu longtemps pour que je me mette en retrait. Quand ma mère s'en est rendue compte, elle me demanda pourquoi j'étais toute seule dans mon coin et je lui répondis :

- Elles n'ont pas besoin de moi.

Les filles ne m'avaient rien fait. Elles étaient très sympathiques. C'était mon discours intérieur qui m'avait mise à l'écart.

Ces foutues pensées. Excusez-moi du terme, mais quand même... Cela ne vous arrive jamais de vous dire que vos pensées sont franchement merdiques ?

Depuis l'enfance, je vivais dans la souffrance avec un manque de confiance en moi, un manque d'estime, et c'est vers l'âge de 11 ans que j'ai pris en main mon premier livre sur l'intelligence émotionnelle. Puis à l'âge où il fallait choisir son métier, j'ai décidé d'être infirmière pour soulager et apporter de la joie et de l'amour dans les hôpitaux. Ce qui m'avait plutôt réussi. Je me souviendrais toujours le jour où je travaillais dans un service de soins intensifs « cardio ». Avec mon binôme, nous devions prendre en charge une femme d'une cinquantaine d'année qui venait de faire un infarctus. Une fois installée et appareillée dans son lit, la dame me regarda et me dit: "Je n'aurais jamais imaginé un jour faire un infarctus et me sentir aussi bien, confiante et apaisée." C'était ça mon plus beau cadeau!

C'est à l'âge de 30 ans que j'ai commencé les formations: Deux années de sophrologie caycédienne qui m'ont permises d'intégrer les enseignements, la pratique, l'état d'esprit et qui m'a ouvert les yeux sur la beauté de la vie et le bonheur d'être. C'en est suivi le premier cycle MBSR (Gestion du stress par la pleine conscience) puis l'hypnose ericksonienne, l'EFT (technique de libération émotionnelle) et enfin l'hypnose SAJECE ou contes thérapeutiques comme j'aime l'appeler. Des techniques qui me permettent de m'adapter aux problématiques, aux besoins de chacun et qui sont aussi complémentaires pour libérer profondément les causes de la souffrance.

Pendant longtemps, j'ai fait une erreur importante, que beaucoup de personnes font. Voulant me sauver de ma souffrance, au lieu d'accueillir ce que je vivais, je luttais, je fuyais. Comment ? J'utilisais tout ce que j'avais appris et lu comme étant une solution miracle que je devais impérativement comprendre et faire pour ne plus jamais souffrir. Epuisée, je me poussais encore et encore. Je DOIS méditer, je DOIS faire du yoga, je DOIS faire de la cohérence cardiaque, je DOIS manger ceci et cela, je DOIS faire des affirmations positives, je DOIS faire des visualisations, je DOIS être POSITIVE. Ce que je ne savais pas à ce moment-là, c'était que j'étais en train de nourrir mon monstre, celui de l'anxiété, en refusant de le regarder en face, d'écouter le message qu'il avait à me transmettre.

C'est pendant la période où je suis restée alitée que j'ai créé ma chaîne youtube. J'avais besoin de continuer à partager, à me sentir vivante, à être en lien avec les autres. Au début, je faisais de nombreuses vidéos de relaxations ASMR et de lectures douces et positives puis des méditations, des séances d'hypnose et d'EFT.

Aujourd'hui, elle compte presque 10k abonnés et 1 million de vues.

Rien que ces 3 dernières années, j'ai pu accompagner plus de milles personnes à se libérer de leurs blocages, à mieux vivre le stress, l'anxiété et l'angoisse, la dépression, à gagner en estime et confiance en soi, entre autres.

C'est avec François Lemay, ces deux dernières années, que j'ai appris plus particulièrement ***à danser avec la vie.*** Enfin un coach, un mentor, qui m'a appris que **la vie C'EST, ni bon, ni mauvais.** Et cette compréhension me permet aujourd'hui, d'accueillir et d'accepter plus facilement les différentes phases de ma vie avec la conscience que cela aussi changera, même lorsque je vis des périodes de stress, de surmenage, de fatigue, ou d'anxiété. Conscience que rien ne dure. Tout change tout le temps. Un pas après l'autre, nous pouvons tous y arriver.

C'est ce que j'aimerais vous transmettre aujourd'hui à travers mon livre. J'aimerais vous aider à mieux comprendre le fonctionnement de votre corps et de votre inconscient. J'aimerais vous donner des outils, des exercices, des conseils afin de vous libérer des croyances qui vous bloquent, reprendre la maîtrise de vos pensées et de vos émotions, et trouver l'harmonie dans toutes les phases de votre vie, que ce soit dans les périodes agréables comme celles qui sont désagréables, car c'est aussi ça la vie !

Vous y trouverez aussi des liens vers des méditations pour vous aider à intégrer les différents concepts car acquérir des connaissances est un premier pas, le deuxième est de pratiquer, pratiquer, pratiquer pour créer de nouvelles capacités.

Je partagerais avec vous les expériences qui m'ont amenée à enfin mieux vivre l'anxiété, les angoisses et les crises de panique. Il suffit parfois d'un partage dans l'authenticité de qui on est, pour permettre à celui qui lit de se libérer.

Je souhaite de tout cœur que ce livre déclenchera un déclic en vous, vous amènera à voir la vie différemment, vous permettra de mieux vous connaître et d'avancer vers une vie plus sereine et douce.

> *La vie, ce n'est pas attendre que l'orage passe, c'est danser sous la pluie.*
>
> — *SÉNÈQUE*

# COMMENT UTILISER CE LIVRE

Cela va dépendre de votre objectif. Du « pourquoi » vous-avez acheté ce livre. Si vous l'avez acheté parce que vous avez tendance à être stressé(e), anxieux(se), à faire des crises d'angoisse, si vous manquez de confiance en vous, et que vous souhaitez comprendre et vous libérer de ces charges émotionnelles et reprendre la maîtrise de votre vie, je vous conseille de lire un chapitre après l'autre, et de prendre le temps de faire les exercices avant de passer à la suite, afin d'intégrer le contenu et d'évoluer un pas après l'autre.

**La première partie** vous permettra de comprendre comment votre corps fonctionne et comment vous pouvez l'aider à réguler les hormones de stress, mais aussi de mieux comprendre votre mental, votre inconscient, et de mettre de la lumière sur vos croyances limitantes et vos blessures du passé.

Ainsi, nous pourrons voir dans la **deuxième partie**, comment calmer votre mental pour reprendre la maîtrise de vos émotions et prendre de la distance sur vos pensées et les situations de votre vie. Je vous apprendrais aussi l'importance d'être à l'écoute de soi et de ses besoins pour éviter de dépasser votre capacité d'adaptation.

Et dans la **troisième partie**, je vous explique comment vivre en harmonie avec la vie, ce que vous pouvez mettre en place pour créer la vie que vous souhaitez et l'importance des émotions positives.

J'ai rajouté à la fin de chaque chapitre, une partie «Points clés» pour que vous puissiez vous rappeler de l'essentiel au cours de votre lecture. Vous trouverez aussi des exercices, soit de réflexion sur vous-même afin d'apprendre à mieux vous connaître, soit des exercices pratiques pour vous aider à changer votre physiologie ou vos programmations, inconscientes.

Et pour toujours mieux vous accompagner, je vous offre des séances guidées de méditation, d'exercices pratiques, et d'hypnose, que vous trouverez grâce au **QR CODE BONUS.**

Si vous avez acheté ce livre par plaisir, et que vous avez déjà des connaissances dans le domaine, libre à vous de lire les chapitres qui vous appellent. Dans tous les cas, je vous invite à lire le *chapitre 5 : «Les dangers de la pensée positive»* avant les deux derniers chapitres du livre sur «Le pouvoir de l'amour et des affirmations positives», afin de bien comprendre l'importance d'être d'abord dans l'accueil de ses émotions, de comprendre ce que celles-ci veulent vous exprimer, et éviter de les refouler en vous imposant d'être toujours positifs. Danser avec la vie, c'est accueillir ses émotions dans toute sa palette de couleurs. La vie, c'est ça et ça ! Les moments agréables mais aussi ceux qui le sont moins.

Je vous souhaite beaucoup de plaisir à chacun(e) d'entre vous sur ce chemin de libération. Que l'aventure intérieure commence !

# PARTIE I

# COMPRENDRE LES SOURCES DE NOTRE ANXIÉTÉ

# 1

# LA MAUVAISE GESTION DU STRESS

> *Anticiper une situation difficile provoque une inutile sécrétion de cortisol, qui aggrave les effets négatifs du stress.*
>
> — *MARGAUX RADEPONT*

> *Le stress résulte beaucoup plus du danger pressenti que celui vu et vécu.*
>
> — *ADAK*

## PETIT POINT SUR LA PHYSIOLOGIE DU STRESS

Ah le stress ! Qui n'a pas entendu parler du stress de nos jours ? Le stress au travail, le stress des enfants, le stress lié à la maladie, le stress de la femme au foyer, le stress post-traumatique, et j'en passe...

Le stress n'est pas mauvais en soi. Au contraire, à la base, c'est ce qui nous permet d'avoir plus d'énergie, et de réagir rapidement et efficacement face à un problème, d'être plus concentré et motivé, et ainsi nous sauver.

C'est notre système nerveux autonome qui nous permet de respirer, qui fait battre notre cœur de manière automatique et inconsciente, sans qu'on ait besoin d'y penser. C'est lui qui va gérer nos hormones de stress et de bien-être selon les informations extérieures et intérieures qu'il reçoit.

Dès nos premiers pas sur la Terre, ce système était déjà en place. Imaginez l'homme de Cro-Magnon dans toute sa simplicité, face à un mammouth. L'inconscient sait que cet animal peut être dangereux pour l'homme et déclenche l'état d'urgence. Attention DANGER ! A **ce moment-là, son corps est en mode survie et produit les hormones nécessaires pour lui permettre de fuir ou de se battre.** Son rythme cardio-respiratoire et vasculaire va s'accélérer non seulement pour apporter plus d'oxygène à ses muscles qui vont avoir besoin d'énergie pour passer à l'action, mais aussi à son cerveau dont le débit de pensées va augmenter afin de trouver une solution le plus rapidement possible. Ses sens, quant à eux, vont être hyper-réceptifs. Il va mieux voir, mieux entendre, mieux sentir et mieux capter son environnement afin de pouvoir se sauver.

Une fois le danger dépassé, il peut prendre le temps de se poser pour récupérer et recharger les batteries de son corps.

## ALORS POURQUOI AUJOURD'HUI FINISSONS-NOUS PAR ÊTRE ANXIEUX(SE) ET ANGOISSÉ(E) ?

Depuis lors, l'être humain a évolué, développant de plus en plus sa capacité de penser, de juger, de comparer. Ce n'est pas une mauvaise chose en soi, mais faut-il déjà reprendre la maîtrise de celle-ci afin de ne pas voir de mammouth au travail quand l'imprimante ne fonctionne pas?

Tout va très vite. On se sent dépassé par le nombre de tâches à accomplir, hyper stimulé par notre environnement que ce soit par les écrans (télévision, portable, ordinateur, tablette ou autres), que par le bruit, la foule, les panneaux publicitaires, les appels, les demandes, et j'en passe... On se retrouve très vite saturé d'informations. **Pour**

**répondre à toutes ces stimulations, notre système nerveux déclenche alors les hormones de stress**, celles de l'action: adrénaline, noradrénaline, cortisol. Les muscles sont tendus et peuvent entraîner des douleurs au niveau des trapèzes, de la nuque. On peut aussi ressentir une compression thoracique, avoir un nœud dans la gorge et l'estomac noué. Et si nous ne prenons pas le temps de libérer ce surplus d'énergie, à la longue, nous finirons par développer du stress chronique. L'organisme finit par ne plus faire face à l'agression. Les ressources psychiques et biologiques s'épuisent (burn-out), et les problèmes de santé apparaissent : fatigue physique et mentale, troubles du sommeil, manque d'appétit ou boulimie, maux de tête, difficultés à se concentrer, irritabilité, découragement, tendance à se négliger et à s'isoler. *(cf schéma 1)*

Avec le stress chronique, le flux de nos pensées est augmenté. Nous avons tendance à ruminer, à cogiter, à davantage nous concentrer sur nos problèmes. Nous partons à la recherche d'une solution pour sortir de cet état inconfortable, pour anticiper avec anxiété l'avenir, en se projetant dans des films aux scénarios catastrophiques et surtout disproportionnés par rapport à ce que nous pourrions vivre. **Et plus nos soucis "tournent en rond" dans notre tête, plus notre corps va sécréter des hormones de stress.**

**Plus notre corps sécrète des hormones de stress, plus nous ressentons des effets physiques et psychologiques** : tremblements, vertiges, palpitations, difficultés respiratoires, fourmillements des extrémités. C'est la crise d'angoisse, voire la panique intérieure.

Notre corps et nos pensées s'emballent, les deux étant inter-reliés. Nous commençons à nous interroger sur notre état physique :

- Et si je faisais un infarctus, et si je n'arrivais plus à respirer, et si je faisais un malaise ???
- Les fameux : « Et si... » qui nous font croire que la situation pourrait tourner à la catastrophe.

Notre cerveau lui-même se fatigue. On finit par se demander si on ne va pas perdre la tête et finir sa vie à l'asile. On a peur de souffrir physiquement et mentalement toute sa vie, de ne plus avoir de porte de sortie, et finalement, se retrouver seul, rejeté ou mourir.

Et quand le milieu médical nous annonce que ce n'est que du stress, de l'anxiété ou de l'angoisse, c'est le désespoir, la honte, la peur de ne pas être entendu, compris, et être catalogué alors que notre souffrance est bien présente. Les symptômes physiques sont bien présents.

## VOUS POUVEZ REPRENDRE LA MAÎTRISE DE VOTRE VIE

Comprenez bien, mes chers amis lecteurs, vous n'êtes pas seuls, **vous n'êtes pas faibles, vous n'êtes pas en danger et vous n'êtes pas fous non plus. Ces symptômes que vous ressentez sont bien présents, réels.** C'est bien l'accumulation des hormones de stress qui vous font vivre cela. **Et vous n'êtes pas brisés non plus. Vous pouvez reprendre la maîtrise de votre vie.** C'est pourquoi aujourd'hui, je vous écris ce livre. Je suis moi-même passée par toutes ces phases sans trop comprendre ce qui m'arrivait ni pourquoi cela m'arrivait. Cette peur, je l'ai transformée en force, celle de m'en sortir. Pour moi, il était impossible de continuer à vivre ainsi, à emprisonner toute ma vie dans ce mode de fonctionnement. Il fallait que je comprenne. C'est pourquoi j'ai mené tant de recherches, lu tant de livres, suivi tant de formations.

Je voulais à tout prix me «sauver». Et aujourd'hui, je peux ainsi vous transmettre tout ce que j'ai pu apprendre, comprendre, vivre et ressentir, ce qui me permet de mieux danser avec les événements que la vie dépose sur mon chemin.

Nous pouvons reprendre la maîtrise en comprenant comment fonctionne notre corps. Agir ainsi sur notre physiologie pour déclencher les hormones de bien-être et diminuer les hormones de stress. Nous pouvons aussi reprendre la maîtrise de nos pensées, notre discours intérieur, nos émotions en comprenant comment fonctionnent notre mental, notre égo, notre inconscient. Nous libérer de nos croyances limitantes et choisir ce que nous souhaitons vivre. Pour cela, il y a plusieurs procédés que nous verrons au fur et à mesure du livre.

## QUAND ÇA FINIT EN CRISE DE PANIQUE

Avant de finir ce chapitre, je souhaiterais vous parler encore d'une partie de notre cerveau qui joue un rôle très important sur le déclenchement des peurs, des angoisses et des crises de panique : **l'amygdale.** Bien sûr, je ne vous parle pas de celles situées au niveau de la gorge et qui peuvent être enlevées en cas d'angine à répétition. Je vous parle de cette petite partie du cerveau en forme d'amande qui joue le rôle d'alarme. Elle évalue constamment les stimulations sensorielles, qu'on appelle aussi VAKOGE : la Vue, l'Audition, le Kinesthésique, l'Odorat, le Goût, et l'Esprit (l'esprit dans le sens, les pensées, le discours intérieur, le mental et les mémoires). Elle est à l'affût du moindre danger potentiel afin de nous maintenir en survie, sauf que **parfois, nous avons enregistré une situation comme étant dangereuse alors qu'elle ne l'est pas.**

Pour faire simple, imaginez que vous vous imposiez énormément de pression au travail. Vous avez sûrement encore beaucoup de tâches à accomplir en rentrant chez vous, et vous avez très peu de temps pour vous reposer. Cette pression est une forme de stress. Stress qui s'accumule au fil des mois, voire, des années. Le sommeil devient de moins bonne qualité. Vous êtes fatigué, vous commencez à cogiter. Et un soir, vous rentrez du travail, épuisé. Vous vous couchez sur le canapé et vous sentez votre cœur battre fort dans votre poitrine. Vous sentez peut-être même une oppression thoracique. Vous commencez à vous inquiéter. **Et plus vous vous inquiétez, plus les symptômes augmentent.** Les pensées que vous avez à ce moment-là sont anxiogènes. Vous craignez qu'il vous arrive quelque chose, peut-être un infarctus *(cf schéma 2)*. Il faut impérativement que vous alliez aux urgences, peut-être même appelez-vous le SAMU. Vous passez tous les tests, mais rien. Physiologiquement, le médecin vous dit que vous êtes en bonne santé. Vous rentrez peut-être rassuré ou non. Votre inconscient, lui, a tout enregistré, toutes les sensations, les émotions et votre discours intérieur.

Le lendemain ou peut-être quelques jours plus tard, cela recommence. Vous rentrez du boulot, vous sentez les palpitations, les douleurs thoraciques, etc. L'amygdale, elle, étant à l'affût de tout ce que vous vivez, va déclencher rapidement les hormones de stress pour vous permettre de vous sauver. **Si vous accueillez et acceptez ce que vous ressentez: tout va bien, l'amygdale va lâcher l'affaire et comprendre qu'en réalité, c'était une fausse alerte**, que vous êtes en sécurité. Mais si vous prenez peur de l'augmentation des sensations, elle va renforcer le mode survie, et c'est le cercle vicieux *(schéma 2)*. **Tant que vous réagissez aux sensations désagréables, vous nourrissez le « monstre », c'est-à-dire, l'amygdale.** Entendons-nous bien, celle-ci, en réalité, n'est pas un monstre, mais c'est l'étiquette qu'on lui met, car elle déclenche toutes ces sensations angoissantes dans notre corps. En réalité, ce monstre est de notre côté. Il fait de son mieux et je le répète, afin de nous permettre de nous défendre, d'être en action dans une situation de vie qui lui paraît être dangereuse ou que nous lui avons fait inconsciemment croire qu'elle l'était.

Il en est de même lorsque vous êtes dans une période de stress chronique ou après un stress post-traumatique, les hormones de stress sont tellement élevées que lorsque vous allez faire vos courses, vous ressentez des sensations étranges dans votre corps. Vous ne comprenez pas ce qui vous arrive, vous n'avez jamais eu ce problème auparavant. Et là, vous avez peur de faire un malaise, vous avez envie de prendre vos jambes à votre cou pour fuir le magasin. En réalité, ce que vous ressentez à ce moment-là est lié à l'augmentation de vos hormones de stress, lié aux nombreuses stimulations puis interprétations erronées de ces sensations physiques étranges. Vous envoyez inconsciemment un message à l'amygdale que vous êtes en danger, et elle se fait un plaisir de déclencher le processus pour vous sauver.

Vous rentrez chez vous, sans comprendre ce qui vient de vous arriver, avec la peur que cela ne recommence à nouveau. Peut-être continuez-vous d'alimenter le « monstre » par vos pensées, peut-être commencez-vous même à éviter les situations anxiogènes, ce qui renforce l'idée que les magasins sont dangereux pour vous.

J'ai pris l'exemple du magasin, mais je vous invite à faire des ponts avec votre vie. Cela peut être la peur de conduire, d'aller à une fête, d'être seul(e), de faire du sport...

Le mécanisme est le même.

C'est finalement comment j'interprète ce qui est en train de se passer, quelle étiquette je lui mets. Est-ce que j'ai peur de ne plus m'en sortir ? Est-ce que j'ai peur de mourir, de perdre la tête ? Est-ce que j'ai honte de moi ? Est-ce que je compare ce que je vis à ma vie d'avant ? Est-ce que je me sens seul(e) et incompris(e) face à la situation ? Est-ce que j'ai peur de ne pas gérer ce que je ressens ? Est-ce que j'imagine qu'il pourrait m'arriver quelque chose de plus grave encore ?

Il est vrai que de ressentir de l'anxiété, de l'angoisse et des crises de panique, ce n'est pas facile. Mais ce n'est pas difficile non plus quand on comprend ce qui arrive et qu'on a les bons outils pour s'adapter et accueillir ce que l'on vit. Dans le prochain chapitre, je vous propose de comprendre le fonctionnement de votre inconscient afin de pouvoir prendre du recul sur vos pensées automatiques, vos croyances limitantes et changer vos perceptions de ce que vous vivez.

# Système nerveux central

## Parasympathique REPOS

**Hormones du bonheur:**
Dopamine, Sérotonine,
Endorphine, Ocytocyne

↓

- Baisse du rythme cardio-respiratoire et vasculaire
- Relâchement musculaire
- Baisse du débit des pensées

↓

- Détente mentale et physique
- Sensations d'apaisement et de bien-être
- Sommeil de meilleur qualité
- Augmentation des défenses immunitaires
- Dynamisation de l'énergie
- Meilleure digestion
- Meilleure oxygénation des cellules
- Prise de recul sur la situation, les émotions, les pensées.

## Sympathique ACTION

**Hormones du stress:**
Adrénaline, Noradrénaline,
Cortisol, Vasopressine

↓

- Augmentation du rythme cardio-respiratoire et vasculaire
- Tensions musculaires
- Augmentation du débit des pensées
- Hypersensibilité sensorielle

↓

- Vertiges, tremblements, fourmillements
- Dysurie, pollakiurie
- Nausées, vomissement
- Diarrhées ou constipation
- Hyperacousie, dilatation despupilles
- Trouble du sommeil
- Irritabilité, difficulté à prendre du reul sur la situation, les émotions, les pensées
- Fatigue physique et mentale
- Douleurs, maladie...

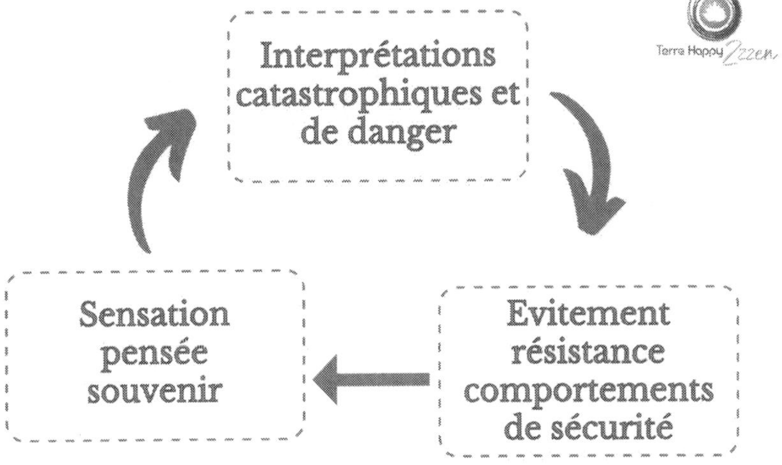


# LE CYCLE DE LA PEUR

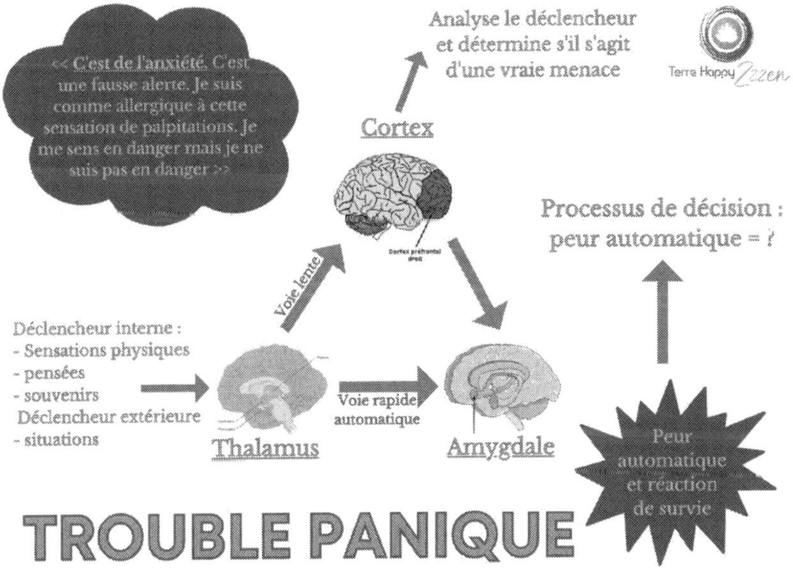


# TROUBLE PANIQUE

## POINTS CLÉS DU CHAPITRE

- Le stress n'est pas mauvais en soi. Il nous permet d'avoir de l'énergie, de mieux nous concentrer et de passer à l'action

- Le système nerveux sympathique déclenche la sécrétion d'hormones de stress pour nous permettre de réagir ou de fuir un danger potentiel, imaginaire ou réel.

- Le système nerveux parasympathique déclenche la sécrétion d'hormones du bien-être, notre corps récupère et se détend, notre mental s'apaise.

- Les sensations physiques lors de crises d'angoisse sont bien réelles, mais nous pouvons reprendre la maîtrise de notre corps.

- L'amygdale est comme notre détecteur de fumée, elle observe les stimulations extérieures et intérieures afin de réagir en cas de danger potentiel.

- Notre interprétation de la situation va renforcer le cycle de la peur ou l'annuler.

- Le stress chronique peut entraîner de l'anxiété, puis des crises d'angoisse jusqu'aux crises de panique.

<ins>EXERCICES</ins>

Prenez un temps pour mettre de la lumière sur ce que vous ressentez lorsque vous êtes stressé(e), anxieux(se), angoissé(e). Quelles sont vos sensations physiques ? (palpitations, difficultés à respirer, vertiges, chaleur dans le visage, fourmillements dans les extrémités, compression thoracique... etc...)

Quelles sont vos pensées ? (Je ne suis pas capable, je ne vais pas y arriver, et si je faisais à nouveau un malaise... etc...)

**RESSOURCE SUPPLÉMENTAIRE (voir QR Code en début de livre) :** Body scan pour se détendre et entraîner notre mental à revenir à l'instant présent. A faire allongé.

# 2

# LE MÉCANISME D'AUTO-DESTRUCTION DE NOS CROYANCES LIMITANTES (CROYANCES INTERNES)

> *Si tu entretiens continuellement de la peur ou si tu es entouré de gens dont les conversations ne se nourrissent en partie que de peurs ou de choses négatives, tu réagiras de même. Tes pensées négatives sont enregistrées par ton subconscient et celui-ci te les retourne, inévitablement. Te voilà à nouveau aux prises avec ces pensées négatives. Ton subconscient les capte à nouveau et te les renvoie... C'est un cercle vicieux.*
>
> — *LISE BOURBEAU*

## NOS CROYANCES BIEN ENREGISTRÉES DANS NOTRE BIBLIOTHÈQUE

Nous avons longtemps cru que nous avons entre 60 000 et 90 000 pensées par jour. Aujourd'hui, grâce à deux chercheurs canadiens, nous savons que nous avons environ 6200 pensées par jour[1]. Dans tous les cas, cela fait beaucoup de pensées. Mais avons-nous conscience de celles-ci qui passent dans notre tête toute la journée ? Bien sûr que non, car **90 % sont inconscientes.**

Quand vous vous levez le matin, que vous vous habillez, vous prenez votre café et vous vous préparez. Toutes ces actions sont automatiques, enregistrées dans votre bibliothèque de l'inconscient.

Cette bibliothèque a commencé à se remplir dès notre naissance, voire même avant, et nous avons particulièrement intégré nos mécanismes de pensées et comportementaux jusqu'à l'âge de 12 ans. Nous pouvons aussi appeler cela nos schémas de comportement ou nos patterns.

**Tout ce que nous avons pu voir, entendre, les relations entre nos parents, avec nous-mêmes, avec la fratrie, les grands-parents, toutes les personnes qui ont été les plus proches de nous, nous ont montré un premier aspect de la vie.**

C'est comme si vous arriviez sur Terre avec une carte du monde vierge, et au fur et à mesure de ce que vous vivez, de ce que vos proches vous ont montré, vous allez ajouter des renseignements et faire des interprétations de ce qu'est la vie, de comment vous devez vous comporter dans telle ou telle situation, ce que vous devez dire ou non, ce qui est bon ou mauvais et aussi qui vous êtes. C'est comme si vous mettiez un filtre devant vos yeux pour regarder de votre point de vue, la réalité de ce qui se passe dans l'instant. Selon le filtre que vous utilisez, votre perception de ce que vous vivez sera différente.

Lorsque j'étais infirmière libérale, une des croyances que mon père m'avait transmises était d'être ponctuelle. Pour moi, je ne devais arriver chez les patients ni avant ni après l'heure sinon quoi, je risquais de les déranger, de leur manquer de respect. Cette croyance me mettait beaucoup de pression lorsque le planning était surchargé. Il m'était difficile de respecter les horaires. Je me rappelle avoir presque tendance à courber l'échine tellement je me sentais mal à l'aise et coupable. Mes pensées étaient tournées vers mon incapacité à respecter les gens. Je finissais alors ma journée très stressée, avec le sentiment de ne pas être assez bien, pas assez à la hauteur. Ce discours intérieur renforçait mon manque d'estime de moi.

Et puis, petit à petit, en apprenant à m'observer, et grâce aux enseignements bouddhistes, j'ai commencé à changer ma perception de la vie. J'ai changé de lunettes pour voir la vie avec plus de bienveillance et de paix. Vous en saurez plus au fil de la lecture.

## COMMENT SE SONT CONSTRUITES CES CROYANCES ?

Comme je vous le disais tout à l'heure, nos croyances se sont construites par rapport à l'environnement dans lequel nous vivions dans l'enfance.

Nous avons pris pour vrai tout ce que nous voyions ou entendions. C'est bien pour cela que nous disons : « Les enfants prennent tout au premier degré ».

Si votre père, votre mère ou encore un de vos proches jouant un rôle important, vous dit un jour : « T'es nul(e) ; t'es pas capable ; tu fais que des bêtises, tu n'y arriveras jamais, t'es pas doué(e), tu vas finir par être gros(se) si tu continues à manger comme ça… » et j'en passe. Vous allez prendre cela pour vrai et intégrer à votre bibliothèque de l'inconscient ce schéma de pensées. Un schéma de pensées dont va découler votre comportement.

Si l'un de vos parents est agressif, et que vous remarquez qu'en faisant profil bas cela vous permet d'éviter plus de conflits, vous intégrez ce mécanisme de fonctionnement. Face à une personne agressive, la meilleure solution est de ne rien faire. Voilà votre croyance ! Et votre schéma de comportement ou votre pattern, sera la soumission. Ce qu'il faut savoir, c'est que **notre inconscient a enregistré la meilleure solution pour nous, pour que nous soyons en sécurité**. Il est là pour nous, pour notre survie. Ce sont des mécanismes de survie tout à fait normaux et naturels. Vous pourriez aussi très bien enregistrer que la meilleure solution est de vous battre ou de fuir. Nous allons nous adapter au mieux à la situation.

## PETIT POINT SUR LES MÉCANISMES DE SURVIE

Avant de continuer, je pense qu'il est important de faire un petit point sur nos différents mécanismes de survie pour mieux comprendre notre mode de fonctionnement.

Nous comptons 3 mécanismes, voire un $4^{ème}$. Nous les retrouvons chez les animaux.

**Selon notre expérience familiale, nous avons développé un mécanisme plus qu'un autre.** C'est aussi une impulsion génétique. Si notre mère n'ose réagir face à la colère de notre père, ou inversement, nous intégrons que la soumission est un bon mécanisme de fonctionnement.

Nous pouvons aussi développer le même mécanisme que le parent en colère. Ce sera alors plutôt la lutte, le mode combat. C'est moi qui attaque, ainsi, on ne m'attaque pas, je garde le contrôle.

• **La lutte physique :** il s'agit en général de personnes qui sont très dynamiques, rarement malades, qui ont beaucoup d'énergie, qui ont tendance à ne pas déléguer, et ne prennent pas le temps de se régénérer, se reposer, prendre soin d'eux. Ce sont des bombes à retardement car il faut beaucoup d'énergie pour la lutte. Une goutte d'eau et ça explose : la crise cardiaque par exemple... Ces personnes ont besoin de sauver le monde. Sur la « fréquence » lutte, la vie apporte des situations où elles doivent lutter sans cesse. Le monde va mal, il faut sauver les autres... Elles sont toujours en train de se battre. Elles vivent pour les autres.

• **La fuite :** ce sont des personnes qui évitent de s'engager, de côtoyer la vie. Leur système nerveux est très fragile, et envoie régulièrement le signal qu'elles sont en danger. Ce ne sont pas forcément des personnes qui sursautent ou qui ont peur de tout car elles évitent. Elles dorment peu ou mal. Elles ont tendance à somatiser tout le temps (grippe, maux de tête, douleurs diverses...) car, le corps amorti le choc. La fuite est particulièrement émotionnelle car sentir cela fait trop mal. Ces personnes sont plus dans le mental, à analyser. Je vis ma vie dans ma tête pour ne pas sentir.

• **La soumission :** c'est le manque d'estime de soi. Ces personnes sont soumises à leurs émotions, à leur mental. Elles sont tout le temps fatiguées, en manque d'énergie, ont tendance à se placer en victimes. On le retrouve dans tous les domaines d'autodestruction (boulimie, anorexie, maladie auto-immune, dépression, cancer...). Elles auront du mal à faire des choix et auront tendance à laisser l'autre choisir pour elles.

**Nous ne sommes jamais 100 % l'un ou l'autre des mécanismes.** Cela peut changer selon les situations. Vous pouvez très bien avoir tendance à être dans la soumission dans le couple, et dans la lutte dans le travail par exemple. Ces mécanismes ne nous définissent pas, et je vous invite à **éviter de vous coller une étiquette** *(chapitre 10).* Cela nous permet simplement de comprendre comment nous avons tendance à réagir pour mieux apprendre à nous connaître, et ainsi à nous libérer.

Tant que nous sommes en survie, nous subissons ce que nous vivons. Il est **possible de faire autrement**, de changer ou de diminuer nos mécanismes de survie face à des situations que nous avons interprétées comme dangereuses mais qui ne le sont pas.

Je vous parlais d'un 4ème mécanisme... Il s'agit du **dépassement.** Comment faire autrement? Lorsque nous répétons l'expérience en allant chercher la solution en nous ou à l'extérieur de nous, une nouvelle solution nous permet d'évoluer. Le dépassement est physique, émotionnel et mental mais aussi spirituel. Celui-ci peut être hérité par nos parents s'ils ont fait un travail sur eux, mais il est souvent lié à un acquis personnel. C'est à nous de faire le travail pour le développer. C'est à nous d'éduquer notre vie pour attirer des situations agréables. Et si on pouvait gagner sans souffrir, mais avec plaisir. C'est apprendre à connaître notre fonctionnement, ce qui nous donne de l'énergie et ce qui nous en prend. **Apprendre à se connaître, s'observer, changer nos croyances, tout cela est possible.** La lutte, la soumission, la fuite, j'ai connu cela à grande échelle, mais je sais combien nous pouvons nous libérer et changer nos schémas, nos croyances. Être enfin soi et danser avec la vie.

## IL Y'A L'ÉCOLE AUSSI

Je vous parle beaucoup des parents qui ont certes un grand rôle dans notre vie, mais il y a aussi un 2ème endroit où nous avons passé beaucoup de temps : l'école. **Ce que nous avons vécu lors de notre scolarité avec la maîtresse, le maître, les professeurs et les autres enfants, va aussi construire ou renforcer nos croyances.** Ils nous ouvrent les portes sur le monde, la société.

Si notre maîtresse était plutôt douce et agréable, si elle avait la patience et la bienveillance nécessaires, alors tant mieux. Nous avons pu enregistrer, par exemple, que le monde extérieur est bienveillant.

Si par contre, nous étions face à une maîtresse plutôt sévère, qui nous faisait peur, nous allons enregistrer que le monde extérieur est hostile. Il en est de même par rapport à notre relation avec les autres enfants. Celui-ci va conditionner notre comportement vis-à-vis des autres, mais aussi notre regard sur nous-même. Je reviendrai sur ce point dans le *chapitre 4 sur les blessures du passé.*

Petit aparté, ici, je parle beaucoup des croyances limitantes, mais il est bien sûr que notre bibliothèque de l'inconscient a aussi enregistré du positif, comme l'exemple donné ci-dessus par rapport à la maîtresse bienveillante.

> *Apprendre à se connaître, s'observer, changer nos croyances, tout cela est possible.*

## CE QUI RENFORCE NOS CROYANCES LIMITANTES

Le premier point, c'est **la loi de la répétition. Plus nous répétons la même expérience, plus nous intégrons ses fruits.**

Votre enfant est en train de ranger la vaisselle, et par inadvertance, il fait tomber un verre et le casse. Peut-être que votre première réaction serait de lui dire : « Mais tu es nul(le) ou quoi ! Tu pourrais faire attention ! ». Et là généralement, votre enfant vous répond : « J'ai pas fait exprès ! » Ce qui aura tendance à vous agacer d'autant plus.

Cette phrase «Tu es nul(le) !» dite par une personne de confiance, une personne importante pour lui, va être intégrée dans sa bibliothèque de l'inconscient. Imaginez cette bibliothèque avec plein de tiroirs, à chaque fois que nous jugeons notre enfant, que nous lui mettons une étiquette comme : Tu es nul(le) ! Tu n'es pas capable ! Tu ne vas jamais y arriver ! etc... Nous remplissons le tiroir « Je ne suis pas assez bien » de notre enfant.

Au niveau scientifique, nous expliquerons cela par **la plasticité neuronale.** Si vous souhaitez apprendre le piano, avant d'être virtuose, vous allez devoir répéter régulièrement vos gammes pour que les connexions neuronales, ou pourrait-on aussi dire le chemin entre vos neurones, se fassent de plus en plus facilement, vous permettant de faire les gestes automatiquement. Il en va de même pour les pensées. Plus notre entourage nous dit que nous ne sommes pas à la hauteur, que nous n'allons pas y arriver, plus nous avons tendance à avoir un discours intérieur dans ce sens.

Et dans le sens contraire, si vous avez un entourage plutôt positif, qui vous booste : « Oui, vas-y, tu es capable ! C'est génial ce que tu fais ! Je suis sûre que ça va marcher ! » Il est certain que vous avez bien plus confiance en vous, c'est QFD comme on dit.

> “ *Quand vous parlez d'un projet autour de vous, vous recevrez trois types de réactions : les neutres, les réactions d'encouragement et les réactions négatives qui tendent à vous faire renoncer.*
>
> *Il faut à tout prix vous éloigner des personnes dont vous sentez qu'elles pourraient vous décourager. En tout cas, ne leur confiez pas vos projets. [...] Ils vous feraient perdre votre confiance en vous. [...]*
>
> *Quand on se lance dans un projet qui représente un certain enjeu, par exemple quand on aspire à changer de métier, on passe forcément par des moments de hauts et de bas. On y croit, on en a envie, et puis, d'un seul coup, on a des doutes, on n'y croit plus, on ne se sent plus capable, on a peur du*

*changement, de l'inconnu. Si on est seul à ces moments-là, il y a de fortes chances que l'on renonce, que l'on abandonne. S'il y a une personne dans votre entourage qui croit en vous, qui croit en votre capacité de réussir votre projet et vous le fait sentir quand vous la voyez, cela balayera vos doutes, et vos peurs s'effaceront comme par magie.*

*— « L'HOMME QUI VOULAIT ÊTRE HEUREUX » DE LAURENT GOUNELLE*

## LE 2ème POINT, C'EST LA PUISSANCE DE NOS ÉMOTIONS

Vous connaissez peut-être déjà le **conditionnement opérant**, décrit par le psychologue comportemental Burrhus Frederic Skinner. C'est une méthode d'apprentissage pour augmenter ou diminuer la probabilité qu'un comportement se reproduise à l'avenir, **basée sur l'association de renforcements (récompenses) et de punitions** à un comportement particulier ou à un modèle de comportement. Plaisir ou douleur.

Par exemple, lorsqu'un rat de laboratoire appuie sur un bouton bleu, il reçoit une boule de nourriture en récompense. Par contre, lorsqu'il appuie sur le bouton rouge, il reçoit un léger choc électrique. En conséquence, il apprend à appuyer sur le bouton bleu. Et de ce fait, il évite le bouton rouge.

Je vois bien dans mon quotidien que je suis influencée de la même manière, que je le veuille ou non. J'observe par exemple, lorsque je poste une vidéo sur Youtube, si celle-ci reçoit beaucoup de vues et si j'ai des retours, des commentaires positifs, cela va me donner envie de recommencer. La croyance « Je suis capable ! C'est génial ce que je fais ! » va être renforcée. Alors que si la vidéo n'atteint pas ce que j'espère et que je n'ai pas de retours particuliers, j'aurais plutôt tendance à me saboter : « De toute façon, je suis trop nulle, ça ne sert à rien ce que je fais, je ne sais pas faire, je dois sûrement encore avoir des choses à apprendre, faut que je fasse mieux la prochaine fois. » Croyance qui aurait plutôt tendance à me tirer vers le bas, à faire baisser mon énergie, et il me faudra peut-être plus de temps pour oser recommencer.

**Une expérience peut suffire pour intégrer dans notre bibliothèque de l'inconscient : ceci est bon ou ceci est mauvais.**

Lorsque le professeur Jaussaud, du CHU de Nancy, m'a annoncé que j'avais le syndrôme d'Ehlers Danlos, ma première réaction a été le déni en version fausse acceptation : « Ok, je vais bien, tout va bien. Je vais gérer. » Mais ce que je ne voyais pas derrière, c'est que j'étais en train de perdre confiance en mes capacités physiques.

Quelques semaines après, j'ai fait ma première crise de panique. Je devais me rendre chez ma meilleure amie qui habite en Hollande. J'avais beaucoup travaillé les semaines avant de partir. Je me sentais très fatiguée avec l'impression d'avoir la tête dans le brouillard. Sur l'autoroute en Allemagne, je sentais que quelque chose ne tournait pas rond. J'ai d'abord eu l'impression que les odeurs de pot d'échappement étaient plus fortes et désagréables que d'habitude, puis ma vision devenait étrange comme si quelqu'un était en train de diminuer l'intensité de la lumière, puis des fourmillements dans les bras et une sensation de vertige. J'ai eu peur de m'évanouir alors je me suis arrêtée sur le bas côté pour prendre un peu d'air et me réveiller. Mais il fallait bien repartir. J'ai repris le volant et les sensations sont revenues aussi fortes. Je me suis accrochée jusqu'à la prochaine sortie. Et mes vacances se sont arrêtées là.

On m'a dit que c'était lié à la maladie. 3 jours plus tard, le jour de mes 34 ans, j'ai fini aux Urgences pour hypertension artérielle. Je me sentais épuisée. Pendant des semaines, je n'ai rien fait d'autre que dormir. Je ne pensais même pas que c'était possible. Était-ce un burn out, une dépression, de l'anxiété ou le syndrome d'Ehlers Danlos (SED), j'ignore si je le saurais un jour. Pendant cette période en tout cas, qui a duré des mois, j'étais suivie au CHU, et je pensais que c'était le SED. Depuis mon inconscient, ou plus particulièrement mon amygdale dont je vous ai parlé un peu plus haut, me font croire que je suis en danger sur la route à chaque fois que je me sens fatiguée. Aujourd'hui, je gère beaucoup mieux, j'apprends à accepter cette fatigue chronique grâce à l'observation, à l'accueil et l'acceptation de ce qui est.

## POINTS CLÉS DU CHAPITRE

- 90 % de nos pensées sont inconscientes.

- Notre mental est programmé par des croyances, des schémas de pensées et comportementaux inconscients, particulièrement entre l'âge de 0 à 12 ans.

- Nos parents, nos proches et l'école ont été les premiers et les plus influents.

- La loi de la répétition. Plus nous répétons la même expérience, plus nous intégrons ses fruits.

- Le conditionnement opérant, plaisir ou douleur créé de nouvelles croyances, de nouveaux schémas de fonctionnement.

## EXERCICES :

1) Prenez un temps pour mettre de la lumière sur vos croyances limitantes. Notez de qui ces croyances peuvent venir. Quelles sont les conséquences de vos croyances ?

Exemple : **Je crois que** je dois beaucoup travailler pour réussir. **Cette croyance m'a été transmise par** mon père.

**Conséquences** : Je me mets beaucoup de pressions pour réussir, je travaille beaucoup. J'ai l'impression de ne jamais avoir le droit de me poser. Beaucoup de fatigue, de surmenage mental et physique. Anxiété.

# 3

# LA PRESSION SOCIALE (CROYANCES EXTERNES)

> *C'est dingue. Finalement, sans s'en rendre compte, chacun se crée vraiment sa propre réalité, qui n'est, en fait, que le fruit de ses croyances. [...] Nous avons tous développé des croyances sur nous, sur les autres, sur nos relations aux autres, sur le monde, qui nous entoure, sur à peu près tout, depuis notre capacité de réussir nos études jusqu'à l'éducation de nos enfants, passant par notre évolution professionnelle et nos relations conjugales. Chacun de nous porte en lui une constellation de croyances. Elles sont innombrables et dirigent votre vie.*
>
> — *LAURENT GOUNELLE*

## POUR ÊTRE HEUREUX, ON DOIT AVOIR UNE MAISON, ÊTRE MARIÉ, AVOIR DES ENFANTS...

Ahhh les croyances de notre société industrialisée qui nous demandent de rentrer dans un moule pour être reconnu et accepté. Dites à Mamie que vous n'êtes pas marié, que ne vous ne voulez pas d'enfants, ou que vous êtes « gaies », et voyez sa réaction. Réaction outragée partagée par bon nombre de citoyens. Des croyances qui nous enferment dans « Pour être heureux(se), je dois être marié(e), avoir des enfants, avoir un bon boulot, une maison, partir en vacances quand je peux le faire. » J'avoue avoir encore un petit goût d'amertume en y pensant. Non pas que j'en veuille à ma grand-mère, loin de là (rire). Mais plus dans le sens d'avoir fini par péter un plomb, d'avoir souffert et d'avoir fait souffrir parce que je me suis laissée guider les yeux fermés, sans réagir, pensant que c'était ça la vie et qu'il n'y avait pas autre chose. Fermant les yeux sur ce que je voulais vraiment, profondément en moi.

Lors de ma période de jeune adulte, mon rêve était de voyager, d'être libre comme l'air, de découvrir le monde et ses différentes cultures. Et j'ai rencontré Dominique à la fin de ma première année d'école d'infirmière. Je suis tombée amoureuse de son humour, de sa bonne humeur, de son intelligence, de sa créativité. Il a vraiment de belles capacités dans son domaine. Je l'admire pour ça. Cela me semblait si facile pour lui de créer un meuble ultra design avec pleins de fonctionnalités, de créer des tableaux avec de l'acrylique. Quand il commençait, cela donnait toujours quelque chose de chouette, d'inspirant, de surprenant.

J'aimais aussi sa capacité à rester calme face à mes **coups de colère.** Oui, plus jeune, j'avais plutôt tendance à m'enflammer facilement, généralement prise **par le stress, par la peur de ne pas y arriver, par la pression.** Je dois dire que j'ai passé de belles années avec lui. C'est quelqu'un de droit, de juste, de sociable, d'actif. On partageait de beaux moments de complicité. Cela me semblait facile, cela coulait de source.

On s'est marié et on a eu notre bébé d'amour, comme j'aime l'appeler. Emy, une jolie petite fille. Elle nous l'a bien rendu dès sa naissance avec son merveilleux sourire. Bébé déjà, elle souriait et ouvrait ses bras au monde. Même si pendant une phase de ma vie, je me suis sentie déroutée, elle est et restera le plus beau cadeau que la vie m'a offert.

Je disais donc, mariée, une fille, puis le boulot, infirmière remplaçante dans un cabinet libéral, il ne manquait plus que la maison. Et c'est là que ça a commencé à coincer. Même si notre maison était vraiment sympa : du terrain, le confort, de belles pièces, un jardin, dans un lotissement calme, des voisins avec qui on s'entendait bien, j'allais de moins en moins bien. Je n'avais pas réussi à m'investir dans cette maison. J'aimais ma petite vie tranquille, sans pression financière.

Pour le coup, la charge fut lourde, et pas seulement financière. Emy avait 3 ans. Je devais travailler plus. Dans la maison toute neuve, le ménage devait être fait régulièrement. Et comme j'avais tendance au perfectionnisme, il ne m'aura pas fallu longtemps pour craquer.

Dominique de son côté s'investissait beaucoup dans le jardin. Fatigués, stressés, on se disputait de plus en plus régulièrement. On ne partageait plus beaucoup de temps ensemble. Je me sentais seule, perdue et malheureuse. Je ne me sentais plus à ma place dans cette vie. Quelque chose clochait, il fallait que je trouve. Et c'est comme ça que j'ai commencé à m'intéresser à la méditation et aux enseignements bouddhistes. Puis j'ai voulu être thérapeute ou quelque chose comme ça, aider les autres mais différemment. Lors d'une discussion, mon parrain qui à la base est ingénieur en informatique, m'apprend qu'il a fait une formation en coaching. Il ouvre son armoire et là, wow... Pleins de livres de développement personnel. C'est comme ça qu'il fut mon premier coach pour m'aider à avancer sur mon chemin, à apprendre à me connaître, à connaître mes besoins, ce qui fait sens dans ma vie.

Deux mois plus tard, j'ai intégré la formation de sophrologie caycédienne 1er cycle au Luxembourg. Et lors du premier jour de formation, lors de la pause déjeuner, j'ai pleuré de bonheur parce que je me sentais enfin reconnectée à qui j'étais profondément. Je venais de faire le premier pas vers moi.

## TOUS DES SUPERWOMAN ET SUPERMAN : L'ANXIÉTÉ DE PERFORMANCE

L'histoire ne s'arrête pas là, vous vous en doutez bien. En plus de ne pas être sur mon chemin de vie, j'avais cette « super » croyance de **devoir être parfaite sur tous les points pour être aimée.** Je voulais être la meilleure mère, la meilleure épouse, la meilleure fille, et assurer au travail. Une croyance que je retrouve d'ailleurs chez de nombreux patients anxieux ou déprimés.

Je pense que c'est ce qui m'a pris et me prend encore le plus d'énergie. Même si aujourd'hui, j'ai enfin appris à ralentir et à écouter mon corps et mes besoins avant tout.

**Cette énergie n'est ni bonne, ni mauvaise en soi, elle doit être canalisée.** C'est quand même grâce à elle que j'en suis là aujourd'hui. C'est grâce à ce besoin d'être aimée et reconnue que j'ai développé une belle capacité d'adaptation, que j'ai ouvert mon propre centre « bien-être », que toute seule j'arrive à gérer de A à Z l'organisation des stages, que je suis autant spécialisée dans mon domaine, que j'ai autant d'outils d'accompagnement afin de m'assurer d'être toujours au top et donner le meilleur.

Si aujourd'hui je sais mieux la gérer, elle m'aura aussi fait « péter les plombs »... et plus d'une fois. Lorsqu'on vivait dans cette maison avec mon ex-mari et ma fille, je me mettais beaucoup de pression jusqu'au jour où les nerfs ont lâché. J'avais la cafetière en verre en main et de colère, je l'ai jetée dans l'évier. A partir de ce jour-là, j'ai décidé de lâcher un peu la pression niveau ménage. Propre oui mais pas parfait.

**La Super woman, c'était aussi de vouloir tout gérer sans déléguer.** Pourquoi ? **Par peur de déranger, par peur que l'on me dise « non », de me sentir rejetée, et que cela éveille en moi le sentiment de ne pas être aimée, et aussi sûrement par besoin de tout contrôler.** Lorsque nous nous sommes séparés, nous avons dû déménager suite à la vente de notre maison. J'ai voulu gérer plus ou moins seule ma partie. Jusqu'à ce que je craque une nouvelle fois. Prenant conscience que c'était trop, je me suis enfin décidée à demander de l'aide à mon entourage.

**Ces besoins de performer, de reconnaissance peuvent venir aussi lorsqu'enfant, nous avons particulièrement pris goût aux gratifications de notre entourage.**

Si vos parents vous mettaient sur un pied d'estale, et que votre émotion de joie était grande à chaque fois qu'ils vous félicitaient de vos notes scolaires, de votre performance au sport, et des beaux dessins que vous faisiez, qu'ils parlaient de vous en vantant vos capacités, il fort possible que vous y preniez goût. On se retrouve dans un fonctionnement positif par la récompense. De cause à effet, naturellement, cela va vous donner envie de continuer à performer. Vous allez avoir alors tendance à reproduire ce schéma afin de recevoir encore de la reconnaissance et ressentir ce sentiment de plaisir. Vous êtes inconsciemment conditionnés à devoir performer pour recevoir de l'amour.

Aujourd'hui, j'ai conscience et j'intègre de mieux en mieux qu'en réalité: « **Je fais du mieux que je peux, avec les outils que j'ai, mon niveau de conscience et de connaissance du moment. Et cela aussi changera !** » Une belle phrase que mon mentor, François Lemay, répète régulièrement dans ses enseignements. Une phrase qui, pour moi, a fait bouger beaucoup de choses.

Elle m'a aidée à :

- Me libérer de ma tendance à culpabiliser,
- A tranquilliser mon besoin d'être parfaite,
- A intégrer le fait que je peux changer, que rien n'est fixe,
- A m'aimer et m'accepter comme je suis aujourd'hui,
- A comprendre que je fais du mieux que je peux, et c'est aussi ok d'être vulnérable,
- Et comprendre que les autres aussi font du mieux qu'ils peuvent, ce qui nous aide à nous détacher des conflits ou autres.

> *Je fais du mieux que je peux, avec les outils que j'ai, mon niveau de conscience et d'intelligence du moment. Et cela aussi changera !*
>
> — *FRANCOIS LEMAY*

## LES « JE DOIS » ET « IL FAUT » QUI NOUS POURRISSENT LA VIE

Liés à l'anxiété de performance et aux croyances de la société, les « Je dois » et « Il faut » nous mettent à leur tour la pression. Ils nous font turbiner sans cesse jusqu'à dépasser notre capacité d'adaptation *(voir chapitre 9).* Vous l'avez sûrement déjà ressenti, vous qui lisez ce livre, ce sentiment de devoir « faire, faire, faire... », de partir à la course aux tâches à accomplir, remplir votre « To-do list » à ne plus avoir de place sur votre feuille en pensant que tout ce qui est noté est impératif et urgent, et si vous arrivez en fin de journée sans avoir tout coché, vous culpabilisez de ne pas avoir été à la hauteur. Si nous prenons du recul, **votre « To-do list » en réalité vient de se transformer en mammouth.** Hé oui, vous vous rappelez l'homme de Cro-Magnon face au dangereux mammouth, et son système nerveux sympathique qui déclenche les hormones de stress pour l'aider à survivre. **C'est exactement ce que nous faisons lorsque nous remplissons notre journée de tâches à faire avec un sentiment d'urgence et d'obligation.** Je ne veux pas dire que les « To-do list » sont une mauvaise technique, loin de là, car elles permettent de déposer sur une feuille ce qui tourne en rond sans cesse dans notre tête. Non, le danger vient de l'intention que nous mettons derrière, de notre discours intérieur. Si nous notons simplement pour ne pas oublier, tout va bien. Mais si nous remplissons cette feuille avec déjà ce sentiment d'être dépassé par tout ce qu'il y a OBLIGATOIREMENT à faire, nous déclenchons avant même d'avoir commencé ces hormones de stress.

Grâce à la pleine conscience que je pratique depuis 2012, j'ai pu observer mon schéma de fonctionnement par rapport aux obligations à plusieurs reprises. Une expérience m'a particulièrement touchée. Deux journées similaires en tâches, et vécues de manière totalement différentes. La première, le lundi, je ne prête pas du tout attention à mes schémas automatiques, je laisse mon inconscient me guider. Je me lève en ruminant toutes les tâches que je dois faire, entre le ménage, le travail, le long trajet pour récupérer ma fille à l'école et revenir au travail, etc... etc... Je visualisais déjà ma journée comme étant lourde, difficile et stressante. Inconsciemment, je me conditionnais à vivre sous pression tout ce que j'avais à faire, comme une liste d'obligations désagréables, rêvant déjà du moment de repos devant la télévision. Au lieu d'être dans l'instant, dans ce que je faisais, je pensais déjà à la tâche suivante qu'il fallait que j'accomplisse le plus rapidement possible pour passer à la suivante. La meilleure manière de passer une mauvaise journée. Le soir, j'étais tendue et particulièrement fatiguée, envie de ne plus rien faire et surtout qu'on me laisse tranquille. Ce genre de schémas qui, sur du long terme, déclenche du stress chronique et qui finit par vous pousser, selon les capacités d'adaptation de chacun, à la dépression, à de l'anxiété généralisée, voire au burn out.

Le lendemain matin, le mardi, ayant pris conscience que la veille avait été désagréable, j'en ai vite compris les raisons et j'ai émis la ferme intention **qu'aujourd'hui, je ferai chaque tâche les unes après les autres.** La même journée mais vécue complètement différemment. Une agréable journée où j'ai pris le temps avec chaque patient, apprécié de préparer à manger, de prendre la route pour récupérer ma fille, et toutes les autres tâches que je devais accomplir. Assurément, j'étais beaucoup plus détendue physiquement et mentalement, plus présente dans ce que je faisais mais aussi avec les personnes que je côtoyais.

Au final, j'étais tout aussi performante mais avec un niveau de stress moindre. Tout simplement en posant une ferme intention, et j'écris bien FERME intention. C'est parce que JE DECIDE PROFONDEMENT qu'aujourd'hui, je prendrai le temps de faire chaque tâche les unes après les autres. **Je décide de reprendre les rênes de mes mécanismes automatiques, de reprendre la maîtrise sur mes pensées, mes actions, et mes émotions.** Je vous en dirai plus sur cet outil dans le chapitre 12 : « *: Intention - Attention – Concentration* ».

Rassurez-vous, rien n'est désespéré mes amis ! Si nous avons programmé notre inconscient, notre mental par toutes ces croyances, aujourd'hui, nous pouvons les reprogrammer pour avancer vers une vie plus harmonieuse. Nous pouvons changer notre discours intérieur en apprenant à nous connaître, en développant notre savoir, notre sagesse et changer notre perception de la vie.

## POINTS CLÉS DU CHAPITRE

- C'est la peur de ne pas être aimé qui nous pousse à la performance.

- Ce besoin de performer, de reconnaissance peuvent venir aussi lorsqu'enfant nous avons particulièrement pris goût aux gratifications de notre entourage.

- Phrase à se rappeler lorsqu'on a tendance à se culpabiliser, à se rabaisser, à se mettre trop de pression : **« Je fais du mieux que je peux, avec les outils que j'ai, mon niveau de conscience et de connaissance du moment. Et cela aussi changera ! »**

- Stop au « il faut » et « je dois », aux tâches sans fin, avec le sentiment d'urgence. Prendre le temps pour chaque chose.

## EXERCICES

1) Observez-vous dans votre quotidien. Avez-vous besoin de performer ? Si oui, pourquoi ? Dans quel domaine ? Qu'est ce que cela vous apporte ? En quoi est ce que cela vous nuit ?

2) Quel est votre discours intérieurs ?

3) Que ressentez-vous lorsque vous n'avez pas réussi à faire parfaitement tout ce que vous souhaitiez ? Quels sont vos pensées ? Est-ce que celles-ci vous sont utiles pour continuer à avancer dans votre vie ?

4) Que pourriez-vous vous dire pour vous aider à mieux vivre la situation ?

**RESSOURCE SUPPLÉMENTAIRE (voir QR Code en début de livre) :** Hypnose se libérer de l'anxiété.

# 4

# LES BLESSURES ET EXPÉRIENCES VÉCUES DANS LE PASSÉ:

> *Les épreuves de la vie ne sont pas présentes pour vous faire fuir. Au contraire, elles vous invitent à reconnaître cette force intérieure déjà extérieure.*
>
> — *NASSRINE REZA*

## L'ENFANCE

Comme vous le savez sûrement déjà, et comme expliqué au chapitre 2, ce que nous avons vécu dans l'enfance joue un rôle primordial sur la construction de notre mental et de notre inconscient. L'enfant enregistre les comportements de son entourage proche par rapport aux différentes sphères de vie et aussi par rapport à lui-même. Pour être plus claire, il enregistre comment se comporter en société, en famille, en couple, avec ses amis, avec des supérieurs, dans différents contextes. Son regard ou sa perception de la vie, du monde, de lui-même est empreint des croyances de ses parents.

**Pour se développer en un adulte avec une personnalité saine et équilibrée, l'enfant a besoin de[1] :**

- Se sentir en sécurité, dans une atmosphère détendue, un milieu stable et rassurant,
- Se sentir aimé, respecté et compris,
- Recevoir du support et de l'encouragement pour développer son autonomie,
- Être encouragé à exprimer ses besoins et ses émotions,
- Un bon encadrement.

Sans que ce soit non plus parfait, l'enfant a besoin d'un minimum de ces différents points pour l'aider à prendre confiance en lui, en ses capacités, à s'aimer même s'il n'est pas parfait, à écouter ses besoins et ses émotions et réussir à les exprimer, à accueillir les échecs, et à s'adapter aux différentes situations de sa vie. Il a besoin de cela aussi pour se sentir en sécurité dans sa relation avec les autres, aimé, soutenu, et non-craintif face à la peur du conflit, la peur de ne pas être à la hauteur, ou celle d'être rejeté, de devenir dépendant affectivement en laissant les autres choisir à sa place, savoir ce qui est bon pour lui sans même écouter ce qu'il ressent vraiment, se sentant coupable dès qu'il ressent une émotion comme la colère, la peur ou la tristesse, ou au contraire à s'isoler, à être solitaire, méfiant, à nier ses émotions, à accumuler les frustrations, à se sentir vide, à être rigide, à vouloir tout contrôler, se coupant complètement de ses émotions et ressentis.

Et vous l'aurez bien deviné, tous ces facteurs sont aussi importants dans notre façon de vivre, de gérer tant notre stress au quotidien que les situations anxiogènes de notre vie. Si dans l'enfance, nous n'avons pas appris à avoir confiance en nos capacités, si on ne nous a pas appris à accueillir nos émotions, si on nous a montré que le monde extérieur est potentiellement dangereux, si nous avons grandi auprès de parents instables dont le comportement et les règles nous concernant changeaient de but en blanc, de manière imprévisible, nous pouvons alors développer un état craintif, et anxieux, voir de l'angoisse, des phobies et des crises de panique.

Tout cela sont des données qui vous parleront peut-être. Peut-être qu'en lisant ces mots, vous vous êtes reconnus, peut-être même cela vous a fait monter des émotions : colère, peur ou tristesse. Bravo ! C'est un premier pas vers la prise de conscience. Observez ce que vous ressentez sans juger. Ecoutez le dialogue de votre petite voix intérieure, elle a un message à vous donner. Vous n'êtes pas brisés mes amis. **Prendre conscience est le premier pas vers la libération.**

Sans jeter la pierre à mes parents qui ont fait du mieux qu'ils pouvaient selon leurs propres vécus, mes fondations étaient plutôt instables. Ma mère ayant vécu dans l'insécurité voulait plus que tout me protéger. Elle me signalait tous les risques, tous les dangers qu'elle voyait afin que j'y prenne garde. Encore à l'âge adulte, il lui arrive de me dire : « Comment ? Tu es allée te promener toute seule dans la forêt ? Mais c'est dangereux ! Et si tu étais tombée sur une mauvaise personne, et si on t'avait enlevée ou autre... » . Aujourd'hui, je lui dis avec le sourire : « S'il te plaît, garde tes peurs pour toi, j'en ai déjà suffisamment maman ! » et on en rit.

Ma bibliothèque des peurs est bien remplie de tout ce qu'il pourrait m'arriver. Parallèlement, mon père n'était pas très sécurisant sur le plan émotionnel. De caractère impulsif, j'avais une peur bleue qu'il ne se mette en colère. Enfant, je rêvais d'être une petite souris pour que l'on ne me voie pas. Je faisais de mon mieux pour être la plus discrète possible. Je jaugeais mon père pour savoir dans quelle humeur il était, pour savoir comment je devais me comporter, ce que je pouvais dire ou ne surtout pas dire parce qu'à la seule vue de son visage, le moment n'aurait pas été des plus adéquats. L'avantage, c'est que j'ai développé une belle capacité d'adaptation, que ce soit dans la vie de tous les jours ou dans le milieu professionnel. *Un caméléon* passe partout. Cette capacité m'a permis de travailler dans de nombreux services, de la gériatrie à la réanimation chirurgicale en passant par le pavillon de sevrage alcoolique et les soins de jour en oncologie ; et dans de nombreuses cliniques du Grand-Est à la région PACA en passant par les Alpes, le Lot et Garonne et la Corse. M'adapter aux services, aux personnels, m'organiser m'a toujours paru simple et fluide. C'est le mécanisme que j'avais développé pour me sentir en sécurité.

D'un autre côté, j'ai aussi eu tendance à me sur-adapter aux autres, répondre à leurs besoins en oubliant les miens afin de m'assurer que je ne risquais pas d'être rejetée ou abandonnée, ou de me retrouver en conflit. Et c'est seulement l'année dernière que j'ai enfin intégré l'importance d'écouter mes besoins et que je me permets de vivre ce qui me correspond vraiment, ce qui me donne vraiment envie. 2021 aura été pour moi une année de libération, même si j'ai aussi dû passer par des épreuves difficiles dont je vous parlerai plus loin.

## LES 5 BLESSURES DE L'ÂME DE LISE BOURBEAU

Selon Lise Bourbeau, dans son livre *« Les 5 blessures de l'âme »*, notre âme se serait incarnée dans notre corps avec 5 blessures spécifiques, afin de nous reconnecter à celle-ci. Dans la *« Guérison des 5 blessures »*, elle nous livre que nous avons tous au moins 4 blessures sur les 5, c'est-à-dire: **la trahison, le rejet, l'abandon et l'injustice. Il n'y a que l'humiliation qui ne serait pas présente chez tout le monde.**

> *Prendre conscience est le premier pas vers la libération.*

Ces blessures vont conditionner notre regard sur le monde, notre interprétation des événements, notre comportement et le masque que nous mettons pour nous protéger afin d'éviter de vivre la souffrance liée à la blessure. Et bien sûr, c'est dans l'enfance que celles-ci vont être activées selon la relation que nous avons eue avec nos parents. Si nous avons été rejetés, nous avons ressenti un manque affectif. De même, si nous avons été humiliés par l'un d'entre eux, si nous avons été trahis ou manipulés ou encore si le parent était particulièrement froid et que nous n'avons pas pu nous exprimer et être nous-mêmes.

**Ce qui est aussi important de savoir**, c'est que ces blessures s'activent par rapport aux autres dans les 2 sens: la peur d'être rejeté, abandonné, trahi et de vivre de l'injustice mais aussi la peur de rejeter, d'abandonner, de trahir et d'être injuste envers les autres, mais aussi vis à vis de soi-même, avoir tendance à se rejeter, se laisser tomber, se trahir et être injuste envers soi. Et la souffrance est tout aussi forte.

Et selon chaque blessure, elle décrit la morphologie de la personne, les attitudes et les comportements liés à la blessure et le masque activé. **Derrière ce masque, c'est notre égo qui fait du mieux qu'il peut pour nous protéger.**

## COMPORTEMENTS, MASQUES ET BLESSURES

Plus concrètement, lorsque notre blessure de rejet est activée, nous allons porter le **masque du fuyant**, celui qui croit profondément qu'il ne vaut rien. Il se protège inconsciemment en utilisant la fuite par les addictions par exemple, ou le déni en se coupant du monde extérieur. Sa plus grande peur est la panique. Enfant, il s'est senti rejeté par le parent du même sexe et ne croit pas avoir le droit d'exister.

Pour la blessure d'abandon, il s'agit du masque du **dépendant.** Vous l'aurez peut-être compris. La personne ayant peur d'être abandonnée va devenir dépendante de l'autre, et va tout faire pour éviter d'être seule, sa plus grande peur. Elle a besoin qu'on s'occupe d'elle, qu'on la voie, la remarque. « Elle croit que si l'autre est d'accord avec elle, c'est une preuve d'amour. C'est un enfant qui a souffert de ne pas être soutenu par son parent du sexe opposé dans sa connexion amour-affection. »

Le masque de la blessure d'humiliation, c'est le **masochiste.** « Il semble croire que Dieu l'observe et le juge sans cesse. » Sa plus grande peur, c'est la liberté parce que s'il est libre, il a peur qu'il puisse avoir trop de plaisir, et que cela puisse l'éloigner de sa spiritualité. « Il se sent facilement malpropre, cochon ou indigne. Il connaît ses besoins mais ne les écoute pas, croyant qu'il doit se sacrifier pour gagner son ciel. »

La blessure de trahison réveille le masque du **contrôlant.** Enfant, il a été déçu et a souffert que le parent de sexe opposé n'a pas répondu à ses attentes d'attention. Il s'est senti trahi ou manipulé. Alors il va se couper de sa vulnérabilité et va chercher à se montrer fort. Sa réputation est très importante. Il va tout faire pour tout contrôler et performer au maximum. Il est autant exigeant avec lui-même qu'avec les autres. Sa plus grande peur, c'est d'être dissocié, séparé et renié.

Il nous reste la blessure d'injustice avec le masque du **rigide.** Enfant, il a souffert de la froideur du parent du même sexe. « C'est un grand optimiste qui veut toujours se sentir positif. Il se contrôle pour être parfait et correspondre à l'idéal qu'il s'est fixé ou qu'on attend de lui. Malgré le fait qu'il veut que tout soit parfait et juste, il est souvent le premier à exagérer un fait ou une accusation. Il n'est pas conscient à quel point il peut être injuste envers les autres et lui-même. Il cherche à se montrer vivant et dynamique, même s'il est fatigué. »

Bien sûr ici, je vous décris les grandes lignes pour que vous puissiez vous faire une idée. Je vous invite à vous procurer le livre de Lise Bourbeau qui est un vrai trésor si vous souhaitez approfondir ce concept.

## 3 BLESSURES DE PLUS AVEC CAMILLE GRISELIN

Lors de ma formation en hypnose SAJECE, Camille Griselin nous a enseigné 3 blessures supplémentaires. Elle ajoute :

- L'impuissance
- L'insécurité
- L'intrusion

**L'impuissance** serait le fait de vivre des moments où nous nous sommes sentis impuissants dans l'enfance face à nos parents. Peut-être avons-nous vu notre père battre ou maltraiter physiquement ou verbalement notre mère par exemple ? Peut-être qu'un de nos parent était gravement malade ? Dans tous les cas, nous ne pouvions rien y faire, rien changer à ces situations de souffrances, alors à quoi bon faire quoi que ce soit. Adulte, la personne ne va pas passer à l'action face à un problème, peut-être restera t'elle dans le déni, et aura tendance dans l'extrême, à fuir la réalité par l'alcool, la drogue ou d'autres substances, parce qu'elle pense que cela ne sert à rien de lutter ou de réagir.

**L'insécurité** s'est créée si nous avons vécu dans un cadre où nos besoins fondamentaux ont été *négligés (voir schéma 4 : la pyramide de Maslow)*. Si nous n'avons pas eu le soutien, le réconfort dont nous avions besoin, si le réfrigérateur était vide, si notre parent rentrait tard, s'il y avait de la violence dans le foyer dans lequel nous avons grandi. A l'âge adulte, on peut développer une insécurité financière ou affective par exemple, se sentir facilement inquiet, ou angoissé si nous n'arrivons pas à finir les fins de mois, si nous n'arrivons pas à subvenir à nos besoins, si nous pensons qu'un proche que nous aimons vit une situation qui pourrait le mettre en danger par exemple. Cette blessure est la cause de problèmes de sommeil, d'anxiété généralisée, d'angoisse et de phobies.

La blessure d'**intrusion** se développe lorsqu'enfant, nous avons vécu une intrusion dans notre intimité : abus, inceste, attouchement. Cela peut aussi être tout simplement un parent qui lit nos écrits intimes. Lorsqu'un adulte s'est introduit dans notre intimité quel qu'elle soit. Adulte, nous aurons peur de faire confiance à l'autre et plus particulièrement à la personne du sexe opposé. Cela peut créer une vision faussée de la relation amoureuse, sexuelle, de la relation avec notre corps. Nous aurons tendance à nous isoler, à être méfiant, peut-être angoissé face à l'autre.

## UN ÉCLAIRCISSEMENT AVEC FRANÇOIS LEMAY

Depuis l'étude de la pleine conscience à travers les enseignements de François Lemay, j'appréhende encore une fois les blessures différemment. Comme il nous a enseigné, je vais plutôt **écouter ce que je ressens intérieurement pour savoir quelle blessure est activée.**

- Est-ce que je ressens du rejet, de la trahison, de l'injustice ?

- Est-ce que j'ai la sensation d'être abandonné ou d'être humilié ?

**Ecouter ce que nous ressentons, connaître nos blessures et s'observer sont des points clés pour nous aider à prendre de la distance, accueillir plus facilement ce que nous vivons, et guérir notre enfant intérieur.** Alors oui, peut-être vous poserez-vous la question est-ce que vous allez pouvoir complètement guérir, cicatriser vos blessures du passé. Si vous enfoncez un clou dans une planche et que finalement vous décidez de l'enlever, peut-être même de reboucher le trou: pensez-vous que la planche sera complètement comme avant ? Non, bien sûr que non ! Mais vous aurez appris pourquoi ce trou s'est formé. Et avec le temps, au fur et à mesure des expériences, vous reconnaîtrez les blessures qui vous font réagir plus facilement. Cela vous permettra de mieux danser avec la vie, de vous adapter, de prendre du recul et de prendre le temps avant de réagir.

Parfois, il m'arrive même de rire en mon for intérieur lorsqu'une de mes blessures se réactive. Avec beaucoup d'amour et de bienveillance, je me dis :

« Je te vois petit égo. La situation te pique hein ?! T'aimes pas trop ça ! Bonjour « Peur du rejet » mais tu sais aujourd'hui, j'ai envie de me libérer, et de me permettre d'être qui je suis. »

J'ai bien précisé « Parfois » **cela va dépendre de l'intensité de l'activation de la blessure et de mon énergie du moment.** Dans tous les cas, de plus en plus, et de mieux en mieux, je finis par calmer mon mental, et observer ce qui s'est joué en moi. Cela me permet de continuer à apprendre à me connaître et à apaiser mes blessures au mieux.

> *C'est toujours notre perception ou notre interprétation des faits qui cause notre souffrance et non ce que quelqu'un est ou fait.*
>
> — *LISE BOURBEAU*

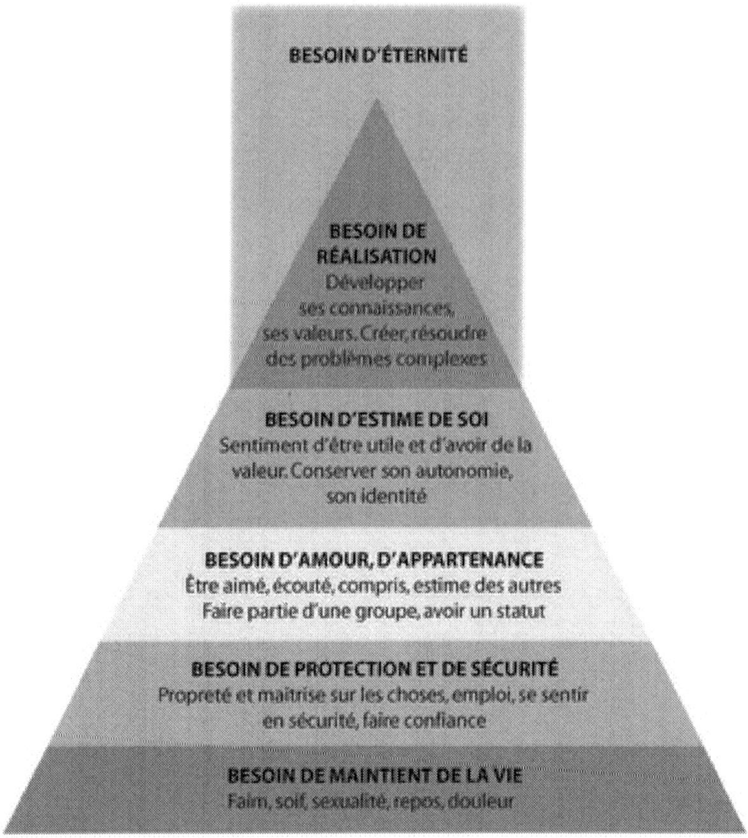


Échelle de la hiérarchie des besoins selon Maslow

## POINTS CLÉS DU CHAPITRE

- C'est dans notre enfance que nous intégrons comment nous comporter en société, en famille, en couple, avec ses amis, avec des supérieurs, dans différents contextes. Notre regard ou notre perception de la vie, du monde, de nous-mêmes, est empreint des croyances de nos parents.

- Enfant nous avons besoin d'affection, d'un cadre sécurisant, de nous sentir aimé, réconforté et être encouragé pour nous construire de manière équilibrée.

- Prendre conscience de ce que nous avons vécu et de l' impact sur nos croyances est le premier pas vers la libération.

- Les blessures de l'âme : le rejet, l'abandon, la trahison, l'injustice, l'humiliation, l'insécurité, l'impuissance et l'intrusion.

- Ces blessures vont conditionner notre regard sur le monde, notre interprétation des événements, notre comportement et le masque que nous mettons pour nous protéger, pour éviter de vivre la souffrance liée à la blessure.

- Elles s'activent dans 3 sens : nous par rapport aux autres, les autres par rapport à nous, mais aussi nous par rapport à nous-mêmes. J'ai peur du rejet de l'autre ou de le rejeter, je me rejette moi-même.

- Derrière ce masque, c'est notre égo qui fait du mieux qu'il peut pour nous protéger.

- Ecouter ce que nous ressentons, connaître nos blessures et s'observer sont des points clés pour nous aider à prendre de la distance, accueillir plus facilement ce que nous vivons, et guérir notre enfant intérieur.

- Nous allons vivre avec une intensité différente certaines blessures dans l'instant. Cela va dépendre à quel point nous sommes touchés mais aussi de notre niveau d'énergie ou de fatigue mentale et/ou émotionnelle.

# EXERCICES

Prenez un moment pour vous, dans le calme, éteignez votre portable pour ne pas être dérangé.

Fermez les yeux, respirez tranquillement. Prenez une blessure après l'autre et laissez venir les événements de votre enfance. Observez si cette blessure vous correspond, qu'avez-vous pu vivre enfant qui aurait pu déclencher cette blessure ? Comment avez-vous réagi ? Votre mécanisme de défense.

Quelle était votre relation avec vos parents ?

***Par exemple*** : relisez la partie sur la blessure de rejet puis laissez remonter en douceur les souvenirs qui auraient pu causer cette blessure. Notez l'histoire, puis comment vous avez réagi, ce que vous avez ressenti, ce que vous vous êtes peut-être dit à ce moment-là. Prenez le temps d'écrire ce qui vous vient.

Je me suis sentie **rejetée** lorsque les autres enfants de l'école n'ont pas voulu jouer avec moi dans la cour. Je me suis cachée dans un coin et j'ai retenu mes larmes pour que les autres ne voient pas que j'étais très triste et blessée. Je me suis demandée pourquoi ? Je me suis dit que je devais vraiment être nulle, pas à la hauteur, pas digne d'être aimée. Je comprends aujourd'hui pourquoi j'ai peur du regard des autres, pourquoi j'ai tendance à me mettre en retrait, à me dévaloriser.

**Vous pouvez terminer en écrivant :**

*« Voici ma blessure, mon égo a fait du mieux qu'il pouvait à ce moment-là pour m'éviter de souffrir. Aujourd'hui, je peux faire un pas vers moi-même et décider que j'ai le droit d'être heureux(se). J'ai la ferme intention de prendre de la distance sur mon histoire et de me libérer de mon passé pour avancer vers une nouvelle version de moi-même, plus heureux (se) et plus épanoui(e). »*

**Si des larmes vous viennent au cours de l'exercice, laissez-les couler, permettez à vos émotions de se libérer.**

Pour des traumatismes lourds émotionnellement, je vous invite à être accompagné par un(e) thérapeute.

**Rappelez-vous :** « Nous ne sommes pas brisés, nous faisons du mieux que nous pouvons à chaque instant selon nos outils, nos connaissances et notre niveau de conscience du moment. Tout change tout le temps, et nous aussi nous pouvons changer. »

La suite du livre devrait vous aider en cela. A prendre conscience que nous pouvons reprendre le pouvoir sur notre vie grâce à l'observation de ce que nous vivons, à l'enrichissement de notre connaissance, notre capacité à choisir et à porter notre attention sur ce que nous souhaitons créer dans notre vie.

**RESSOURCE SUPPLÉMENTAIRE (voir QR Code en début de livre) :** Séance d'hypnose pour se libérer de la peur et du rejet.

# 5

# LES DANGERS DE LA PENSÉE POSITIVE

> *Ce a quoi tu résiste, persiste !*
>
> — *FRANÇOIS LEMAY*

## NOS ÉMOTIONS ONT UN MESSAGE À NOUS DONNER

Avant de vous expliquer comment la pensée positive peut devenir particulièrement problématique, je pense qu'il est important de faire un point sur la fonction de nos émotions. A quoi elles servent, comment elles fonctionnent, ce qui se passe en nous.

Il faut savoir qu'une émotion est une réaction psychologique et physique à une situation. Elle se manifeste d'abord dans notre corps et génère une réaction extérieure. Elle est déclenchée par la confrontation à une situation et à l'interprétation de celle-ci selon nos croyances et les blessures que nous portons. C'est pourquoi un même événement n'est pas vécu de la même manière selon les personnes.

Toutes nos émotions sont importantes. Elles ont un message à nous faire passer. Elles fonctionnent aussi un peu comme une ***boussole*** nous montrant le chemin.

- **La colère** fait affluer le sang vers les mains et la tête. On peut ressentir de la chaleur au niveau du visage et des tensions musculaires. Le corps secrète une dose importante d'adrénaline pour que nous ayons l'énergie nécessaire pour passer à l'action.

Elle nous permet de fixer nos limites, d'être à l'écoute de nos besoins.

*Boussole* : Tu repousses la situation qui ne te convient pas.

• **La tristesse** entraîne, au contraire, une perte d'énergie et un manque d'enthousiasme pour les activités de notre quotidien. Les larmes nous permettent d'évacuer la charge émotionnelle.

Elle nous permet de prendre le temps de nous libérer, de lâcher notre attachement à un proche, à un projet, à une situation douloureuse...

*Boussole* : C'est une pause sur le chemin, le temps de se régénérer et de prendre soin de soi.

• **La peur** enclenche les hormones de stress qui vont nous permettre de réagir physiquement et mentalement le plus rapidement possible face à un danger potentiel.

*Boussole* : Nous devons reculer, faire marche arrière, ou alors selon la situation, dépasser notre peur pour rejoindre notre chemin. Ce qui va demander un travail sur soi, de s'observer pour se libérer.

• **La joie** déclenche les hormones de bien-être. Notre corps et notre mental sont détendus. Notre énergie augmente.

Elle nous permet d'avancer vers ce qui nous plaît, d'aller de l'avant, d'être motivé.

*Boussole :* Voici ton chemin d'épanouissement et d'évolution.

Par exemple, Eva qui, après une longue route, vient de trouver une place de parking. Mais celle-ci va lui passer sous le nez. Un sentiment d'injustice va monter. Elle va ressentir des tensions musculaires dans ses bras et ses mâchoires, peut-être même un nœud dans sa gorge, de la chaleur au niveau du visage, ses sourcils vont se froncer. Elle n'a qu'une envie, c'est de hurler sur la personne qui vient de lui prendre sa place : c'est la colère.

On peut prendre aussi l'exemple de Julie qui vient de recevoir une bonne nouvelle. Elle est acceptée dans l'école qu'elle avait choisie. Elle va ressentir une montée d'énergie, prête à déplacer des montagnes. La joie va lui apporter la motivation pour continuer d'avancer sur son chemin.

Voici la carte des émotions d'Art-Mella pour vous aider à vous situer et à décrire au mieux ce que vous ressentez dans l'instant ou face à une situation.

# LA CARTE DES ÉMOTIONS

par Art-mella - extrait du livre « Émotions, enquête et mode d'emploi »

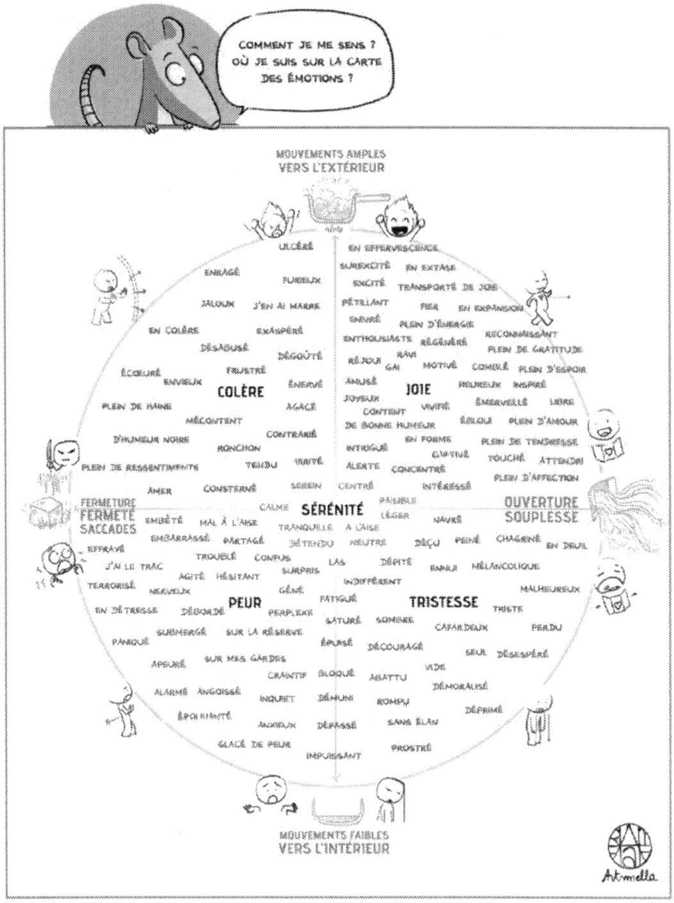


Pourpenser

www.pourpenser.fr

Art-mella

www.conscience-quantique.com

## L'ANXIÉTÉ CACHE UNE ÉMOTION QU'ON N'A PAS VOULU VIVRE

L'anxiété, elle, n'est pas une émotion. La peur en est une, elle nous permet de réagir face à un événement inconnu ou qui peut nous paraître dangereux. Alors que **l'anxiété, c'est un ressenti dont la cause est difficilement identifiable** et qui peut toucher différents pans de notre vie lorsqu'elle est généralisée. Nous nous inquiétons sans cesse pour tout. Notre cerveau étant fatigué par le stress, la pression, la rumination, il ne nous envoie plus que des pensées perturbatrices, pensées qui vont s'auto-alimenter dans un discours intérieur renforçant l'état anxieux que nous vivons.

**Derrière notre anxiété se cachent des émotions que nous n'avons pas voulu voir** : de la colère, de la tristesse, ou des sentiments comme la déception, la jalousie, la peur, l'envie. Notre inconscient a tout simplement refoulé ces émotions et ces sentiments pour nous protéger, pour nous éviter de souffrir, comme nous l'avons déjà vu plus haut.

Lors de ma dernière période d'anxiété, c'est de la colère et de la peur que j'ai fini par découvrir. Dans un premier temps, j'ai lutté pendant des semaines contre cette anxiété, ces angoisses. Je me suis battue au lieu d'accueillir ce qu'il se passait. Et plus je luttais, plus je m'enfonçais. Je voulais être forte.

Tant que je refusais la situation, elle persistait… jusqu'à ce que je sois arrivée à un stade où je ne pouvais plus faire grande chose de mes journées tellement l'anxiété et l'angoisse étaient fortes. Si… Marcher… Méditer… M'asseoir dans la nature et ne rien faire d'autre que d'être avec moi-même malgré la souffrance. Et c'est là que j'ai pu enfin voir cette colère. Elle était immense et s'était accumulée depuis l'enfance. Une véritable révolte intérieure!!! La colère contre l'autre de m'avoir si souvent rabaissée, de m'avoir méprisée et de m'avoir fait souffrir, mais aussi de la colère contre moi-même finalement, d'avoir cru ce qu'ils disaient de moi, d'avoir laissé faire, me remettant souvent en question et m'interdisant d'être qui je suis par peur de ne pas être assez bien pour être aimée. **Mais cette rage intérieure m'a**

**fait avancer.** Je me suis promis que plus jamais je n'accepterai que l'on me traite de cette façon. J'ai pris conscience que je méritais d'être aimée pour ce que je suis. Je ne suis pas moins bien qu'une autre, je ne suis pas une mauvaise personne.

J'ai renforcé ma capacité d'écouter mes propres besoins, de m'affirmer, et surtout de me respecter et de m'aimer.

**Lorsque nous ne prenons pas le temps de regarder nos émotions, d'écouter ce que nous ressentons, cela se transforme en tensions intérieures physiques et mentales. Plus ces tensions augmentent et plus nous sommes susceptibles de déclencher de l'anxiété, des angoisses voire, des crises de panique.** Il m'aura fallu en arriver là pour prendre conscience de ce qui se cachait en moi. Si la période a été particulièrement douloureuse, aujourd'hui je peux me dire merci et dire aussi merci à toutes les personnes qui m'ont accompagnée et guidée, car cela m'aura permis de libérer une blessure profonde de mon âme. Et aujourd'hui, j'ai rencontré un homme merveilleux, doux, attentionné, simple, qui m'aime comme je suis; même si mon vernis à ongles est rouge, vert ou rose, même si je regarde les informations ou de la téléréalité, même si je suis charmante ou que je fasse le clown, il m'aime et me respecte. Et pour moi aujourd'hui, c'est ça le plus important.

## POSITIF(VE), OUI MAIS

**Toutes nos émotions sont importantes à vivre et à accueillir.**

Comme je vous le disais plus haut, avant de finir par faire de l'anxiété généralisée, de l'angoisse, des crises de panique, j'avais mis un couvercle sur mes émotions, et ce couvercle s'appelle : La positive attitude. Quoi qu'il se passe, au lieu de regarder ma souffrance en face, je contrôlais mes pensées et les transformais en pensées positives. Je me remplissais même la tête d'affirmations positives, de méditations sur la gratitude et j'en passe...

J'ai lutté, lutté, contre une part de moi-même qui souhaitait simplement me transmettre un message. Mais je n'en avais pas conscience. Je pensais bien faire. Après tout, dans le livre, il était indiqué que pour être bien, je devais changer positivement ma façon de penser.

> *Toutes nos émotions sont importantes à vivre et à accueillir.*

**Mais la pensée positive, lorsqu'elle est mal comprise et mal intégrée, peut faire beaucoup de mal. Pourquoi ?**

Parce que face à une situation difficile, si on ne prend pas le temps d'observer ce qui se passe à l'intérieur de soi, si on rejette la colère, la tristesse et la peur, on va refouler nos émotions. C'est comme si vous mettiez le couvercle sur la casserole d'eau qui boue. Elle finira par déborder et se déverser tout autour de vous.

Et tant que vous n'aurez pas compris l'importance d'accueillir ces émotions, même si dans l'instant, ce n'est pas confortable, la situation va revenir.

1) Combien de fois, j'ai fait l'autruche par peur de souffrir mais aussi parce que je pensais que la colère ferait de moi une mauvaise personne ; la tristesse montre ma vulnérabilité ; et avoir peur me faisait honte. Je voulais montrer que j'étais une femme forte. Ma croyance : « Si je suis faible et vulnérable, je ne serai pas aimée, on va me rejeter, me montrer du doigt, m'abandonner et je serai malheureuse toute ma vie. »

Observez ce que je viens d'écrire à l'instant :

- Je ne serai pas aimée
- On va me rejeter
- M'abandonner

Qu'est-ce qui se cache derrière ma souffrance ? Vous l'avez peut-être déjà deviné. Nous venons juste d'en parler. Mes blessures du passé : la peur d'être rejetée et d'être abandonnée. Ce sont elles qui sont de nouveau là pour me protéger, pour m'éviter de souffrir. **Mon égo fait**

**du mieux qu'il peut avec son niveau de connaissance et sa conscience du moment, pour me permettre de vivre le mieux possible sans souffrance.** Il a appris avec le temps, les expériences, peut-être les comportements de mes parents ou des personnes proches qui m'entourent, peut-être même la société, que si je camoufle mes émotions, si je les enfouis, je serai en sécurité. Une croyance bien intégrée, si bien intégrée que tant que je n'en ai pas pris conscience moi-même, je n'ai pas pu la changer.

Alors au lieu d'accueillir mes émotions, qu'ai-je fait ? J'ai continué à lire des livres sur l'importance de la pensée positive, comment être bienveillante, comment accueillir l'autre, pardonner. J'ai suivi des enseignements bouddhistes dans ce même sens. Je ne suis pas en train de dire que cela est une mauvaise chose, et encore moins que vous ne devez pas lire ce genre de livres, ni suivre des enseignements bouddhistes, loin de là. Ces connaissances m'ont beaucoup apporté. **C'est plutôt ce que j'en ai fait dans un premier temps qui a posé problème. Mon égo, mon petit mental, pensait que si j'étais calme, compréhensive, positive et aimante, je serai sauvée.**

Mais nous avons des hormones qui peuvent changer notre humeur, nous pouvons nous sentir fatigués et moins bien maîtriser nos émotions. Est-ce que cela veut dire qu'à ces moments-là, nous avons échoué ? Nous n'avons pas été capables de rester positifs, aimables ou agréables. Donnez-moi le fouet que je me fouette pour la mauvaise personne que je suis.

- My god, j'ai des émotions ! Je me mets aussi en colère, j'ai peur, je suis triste et je pleure. Même pas capable de rester positive.

Vous le voyez le danger ? **La culpabilité de ne pas être assez bien, de ne pas être à la hauteur, donc ne pas être aimé, et on se sabote encore et encore.**

- Vite, vite ! Faut que je me rattrape. Un livre, une méditation sur la bienveillance, que je change mon état d'esprit pour qu'il soit de nouveau bienveillant, calme et positif. Surtout ne pas regarder ma part d'ombre, trop dangereuse.

2) Nous pouvons aussi vivre des expériences désagréables voire douloureuses. La perte d'un être cher de manière soudaine, se faire harceler, divorcer, perdre son travail, être en conflit avec quelqu'un qu'on aime etc...

Est-ce que je peux vraiment me dire dans ces situations-là : « Je vais bien, tout va bien ! » ? Je dirais plutôt que c'est une très bonne technique de fuite ou de déni. Nous sommes de nouveau dans le mécanisme de défense de notre égo.

Dans la première situation (le refoulement des émotions), nous avons pu voir que nos émotions ont un message à nous donner.

Dans la deuxième (expériences désagréables voire douloureuses), c'est une phase de vie dont les émotions demandent toutefois d'être accueillies pour se libérer. **C'est tout à fait sain et humain de vivre ses émotions quelles qu'elles soient. La vie c'est aussi ça !**

Et puis quand on ne les accueille pas, que faisons-nous finalement ? Nous luttons contre nous-mêmes, nous nous forçons à faire quelque chose alors que dans cet instant, il n'y a rien à faire que de s'autoriser à laisser être.

Aux chapitres 13 et 14, je vous parlerai d'affirmations positives, de mantra, d'émotions qui guérissent comme l'amour et la joie. Je répète. S'entraîner à penser positivement, et tous ces concepts de bienveillance, de compassion ne sont pas mauvais en soi, au contraire. Cela nous permet aussi de changer notre biologie et d'entraîner notre petit mental à changer sa perception de la vie positivement. J'espère simplement que ce chapitre vous permettra de ne pas tomber dans le même piège que moi.

## POINTS CLÉS DU CHAPITRE

- Toutes nos émotions sont importantes. Elles ont un message à faire passer. Elles fonctionnent aussi un peu comme une boussole nous montrant le chemin.

- La colère repousse.

- La tristesse nous permet de faire une pause pour nous régénérer.

- La peur nous fait reculer ou nous demande de reculer pour nous réaligner.

- La joie nous fait avancer.

- Derrière notre anxiété se cachent des émotions que nous n'avons pas voulu ou pu voir.

- Lorsque nous ne prenons pas le temps de regarder nos émotions, ce que nous ressentons, cela se transforme en tensions intérieures physiques et mentales jusqu'à déclencher de l'anxiété, de l'angoisse voire des crises de panique.

- Lorsque nous sommes à l'écoute de nos émotions et de l'anxiété, nous comprenons le message et cela peut nous aider à nous libérer de nos croyances limitantes et à avancer vers une meilleure version de soi.

- Le danger de vouloir être tout le temps positif, c'est de refouler ses émotions, de ne pas accepter que nous puissions aussi vivre de la colère, de la peur ou de la tristesse ; de culpabiliser lorsque nous vivons ces derniers.

- La pensée positive est problématique si nous l'utilisons pour fuir nos blessures, nos émotions et nos sentiments.

- La pensée positive est un super outil, si nous restons à l'écoute de soi.

## EXERCICE

J'aimerais dans ce chapitre que vous preniez le temps d'observer vos émotions et vos sensations.

Que ressentez-vous physiquement lorsque vous êtes :

- En colère :
- Triste :
- Dans la peur :
- Joyeux(se) :
- Excité(e) :
- Calme :
- Amoureux(se) :

Prenez le temps de vous observer au quotidien, si besoin, pour mieux vous connaître. Vous pouvez utiliser un carnet pour transcrire cela et la carte des émotions de Art-Mella pour mieux définir ce que vous ressentez.

------------------------------------------------------------------------------------------

------------------------------------------------------------------------------------------

------------------------------------------------------------------------------------------

------------------------------------------------------------------------------------------

------------------------------------------------------------------------------------------

------------------------------------------------------------------------------------------

------------------------------------------------------------------------------------------

------------------------------------------------------------------------------------------

------------------------------------------------------------------------------------------

------------------------------------------------------------------------------------------

------------------------------------------------------------------------------------------

------------------------------------------------------------------------------------------

------------------------------------------------------------------------------------------

------------------------------------------------------------------------------------------

------------------------------------------------------------------------------------------

------------------------------------------------------------------------------------------

------------------------------------------------------------------------------------------

# 6

# LA PHOBIE D'IMPULSION

> *Par ces pensées et ces ruminations incessantes, les patients finissent par penser qu'ils ont envie de passer à l'acte et se remettent moralement en cause. Or il n'y a jamais de passage à l'acte, ni d'envie de passer à l'acte dans la phobie d'impulsion. Les doutes exprimés par certains patients résultent simplement d'une peur aiguë*
>
> — *PROFESSEUR SAUTERAUD*

## LA PHOBIE D'IMPULSION, C'EST QUOI CONCRÈTEMENT

La phobie d'impulsion, voilà un sujet dont j'ai rarement entendu parler. Je ne l'ai découvert que récemment, grâce à Didier Havé, psychologue spécialisé dans l'anxiété.

**La phobie d'impulsion, c'est la peur de perdre le contrôle sur son corps, de faire du mal, de faire des choses répréhensibles. Elle se traduit par des pensées et des images intrusives qui deviennent obsessionnelles.** On est là comme un spectateur avec ces pensées qui nous font croire qu'on va traverser la route alors que les voitures passent, qu'on va pousser son ami en haut de la montagne, voire, qu'on pourrait passer à l'acte.

Imaginez que vous vous promenez au bord de l'eau et que l'image de vous jeter à l'eau traverse votre esprit. En réalité, vous n'avez pas du tout envie de vous jeter à l'eau. Vous étiez tranquillement en train de vous promener mais vous êtes dans une période de stress intense, d'anxiété, d'angoisse, ou même avez-vous subi dernièrement un choc émotionnel. Votre mental vous envoie tout et n'importe quoi; et au lieu de prendre de la distance, vous sautez à pieds joints dans cette croyance. Mille questions vous submergent :

- Pourquoi j'ai pensé à ça ?
- Suis-je folle, fou ?
- Ai-je vraiment envie de le faire ?
- Ai-je envie de mourir ?
- Pourquoi ai-je cette impression que l'eau m'attire autant ?
- Et si je perdais le contrôle de mon corps ?
- Et si je passais à l'acte ?

Ce discours intérieur est juste effrayant. Et plus vous le nourrissez et plus il s'amplifie.

Sur le site internet Doctissimo, Professeur Sauteraud précise qu'il s'agit en fait de troubles obsessionnels compulsifs. Dans la phobie, l'objet de la peur est bien présent, alors que dans la phobie d'impulsion, la personne souffre de manière quasi-permanente. Les pensées et les images sont intrusives et obsessionnelles. La personne voudrait tellement s'assurer que tout va bien qu'elle va sur-analyser ses pensées, vérifier qu'elle n'a fait de mal à personne, et qu'elle est une bonne personne.

Sylvie Dellus, journaliste en chef de rubrique et Edith Rosset, psychologue et auteure de *« Mieux vivre avec une phobie d'impulsion, grâce aux thérapies brèves »* expliquent dans *« Santé Magazine »* que « les troubles obsessionnels compulsifs et notamment la phobie d'impulsion résultent d'une **dérégulation de la sérotonine et de la dopa-**

**mine**, deux neurotransmetteurs indispensables au bon fonctionnement du cerveau et impliqués dans la sensation de bien-être. Lorsque leur sécrétion est perturbée, le cerveau reste de façon anormale en état d'excitation, ce qui génère une forte tension intérieure. Les personnes hypersensibles, dépressives, bipolaires, ou souffrant de phobie sociale ont davantage de risque d'être atteintes d'une phobie d'impulsion. On estime que 2 à 3 % de la population sont concernés. [...] Le trouble s'aggrave, le plus souvent, dans les périodes de **grande fatigue, de surcharge émotionnelle et mentale.** [...] La phobie d'impulsion ne pousse jamais à commettre un crime. Au contraire. Ni pervers, ni psychopathes, les patients sont littéralement paralysés par les pensées affreuses qui leur traversent l'esprit. « Ils imaginent le pire, mais ils ne passent jamais à l'acte. En réalité, ce sont **des personnes qui ont une morale très élevée, qui ne supportent pas la moindre tension intérieure et qui ont une mauvaise estime de soi** ».

La personne souffrant de phobie d'impulsion a tellement honte de ses pensées qu'il est rare qu'elle en parle autour d'elle ou même à un professionnel. Son entourage ne verra pas forcément sa souffrance, d'autant plus que les rituels de vérification sont discrets.

## PHOBIE D'IMPULSION ET POST-PARTUM

Camille Moreau, journaliste chez Passeport Santé explique que « des événements traumatisants, un changement de vie important ou des situations de stress peuvent aussi provoquer un fort besoin de contrôle et paradoxalement une peur panique de ne pas réussir à se maîtriser. On observe notamment l'apparition de ce TOC lors de la période du post-partum. Les jeunes mères soumises à un tsunami émotionnel et à une chute importante d'hormones sont terrorisées à l'idée de faire du mal à leur nouveau-né. »

Les phobies d'impulsion chez les jeunes mamans sont très fréquentes mais aussi tabous. Méta analyse montre que 32 à 46% d'entre elles ont ce genre de pensées parasites et cela peut même monter jusqu'à 70%

dans certaines études. Ce sont des pensées intrusives, de craintes comme se dire par exemple : Je pourrais faire du mal à mon bébé volontairement ou involontairement : le faire tomber, le jeter, l'étouffer etc...

Les jeunes papas peuvent aussi avoir ce type de peur.

Ces pensées obsédantes et tellement convaincantes qui déclenchent cette peur de faire du mal à son bébé, peuvent éloigner un temps le parent de celui-ci. Et plus vous essayez de les chasser et plus elles vont vous déranger, être insistantes. **Il est important de savoir que ces pensées parasites sont normales et fréquentes. Elles sont mal jugées parce que méconnues dans la société.** En réalité, la mère a surtout le souci de trop bien faire et ressent peut-être une certaine pression. Elle a conscience du danger et c'est pour cela qu'au contraire, elle sera d'autant plus attentionnée. Si vous êtes jeune parent et que vous avez ce genre de pensées, prenez conscience qu'en réalité, vous avez toutes les capacités pour très bien faire, que vous êtes au contraire, soucieux du bien-être de votre bébé. Reprenez confiance en vous. Et si besoin, n'hésitez pas à contacter un professionnel en thérapie cognitivo-comportementale ou un coach en pleine conscience qui vous aidera à revenir à la réalité et à mieux gérer vos pensées.

Que vous viviez des phobies d'impulsion en tant que parent ou dans n'importe quelle situation, j'espère que la suite de mon livre vous aidera à mieux comprendre encore ce qui se passe en vous et vous libérera de ces peurs obsédantes.

## J'AI CONNU LA PHOBIE D'IMPULSION ET JE M'EN SUIS LIBÉRÉE

Cela me challenge un peu de vous partager cette partie de moi. Mais en même temps, je sais combien c'est important. Et si cela peut aider certaines personnes à se sentir comprises, et à réaliser ce qu'elles vivent, si cela peut vous permettre de vous libérer de cette peur, alors je suis prête à vous dévoiler ce que j'ai vécu.

Je crois que la première fois que cela m'est arrivé, je devais avoir 11 ans. Nous étions partis avec mes parents et ma sœur en Nouvelle-Calédonie pour voir ma marraine, mon oncle et ma cousine qui habitent Nouméa. Lors de ce séjour, nous avons pris le bateau pour passer la journée au Phare Amédée. A l'époque, j'avais vu le film : « *Les dents de la mer* ». Ce qui déclencha ma peur de l'eau. Même si j'adore encore et toujours nager, il y a toujours une part de moi, inquiète, qui éprouve une certaine difficulté à lâcher prise sur l'idée qu'un énorme poisson ou un mammifère marin pourrait m'attaquer.

Dans mon souvenir, lorsqu'on était sur le bateau, quelqu'un a indiqué qu'il y avait des requins. Je me rappelle que je regardais l'eau comme fascinée par leur présence. Fascinée certes mais pétrifiée aussi. D'autant plus que l'angoisse commençait à monter en pensant que je pourrais tomber à l'eau ou pire, et si je perdais le contrôle et je plongeais. Non mais quelle idée !!! Ce qui est le plus dur, c'est de ressentir comme une force magnétique à se jeter dans la gueule du loup, si je puis dire. Comment est-ce possible ?

Tout cela était tellement étrange et effrayant. Je ne sais pas si j'en avais parlé à l'époque mais dans tous les cas, je n'avais pas eu de réponse à ce qui venait de se passer. J'ai laissé cette expérience de côté et j'ai continué mon chemin.

Cela est revenu très très longtemps plus tard. Je n'ai pas le souvenir d'autres expériences de ce genre.

Vers l'âge de 38 ans, après un samedi fort arrosé lors de l'anniversaire d'une amie, je me suis retrouvée le lendemain, à bord de ma voiture. J'avais déjà développé la phobie de l'autoroute en tant que conductrice. Ce dimanche après-midi, lorsque nous sommes repartis avec mon compagnon et ma fille, j'ai ressenti une forte angoisse. Nous étions sur le périphérique d'une grande ville et nous devions prendre l'autoroute pendant plus d'une heure. J'avais l'impression que j'allais prendre le volant pendant qu'il conduisait et nous mettre ainsi dans le décor. Ces pensées et ces images étaient insupportables. Je ne savais pas à cette époque qu'il s'agissait de phobie d'impulsion. Ce trajet m'avait fait très peur. Je me demandais comment je pouvais avoir ce genre de pensées. L'anxiété et l'alcool n'avaient pas fait bon ménage. Et j'ai supporté cet état d'angoisse jusqu'à la maison. J'ai fait de mon mieux pour me calmer en écoutant de la musique de relaxation.

Le pire c'est que quelques semaines plus tard, nous devions partir dans le sud. Inconsciemment et consciemment, je n'avais pas oublié cette expérience que je venais de vivre. Mon amygdale avait bien enregistré le « danger » d'être sur l'autoroute même en tant que passagère. Pendant 10 heures, j'ai dû supporter ces pensées, ces images et ces ressentis anxiogènes qui me faisaient croire que je n'étais plus maître de mon corps. Je risquais de perdre le contrôle à tout moment et la situation finirait en drame. Mais bien sûr, malgré la puissance de ces sensations, de cette croyance et de ces pensées, il ne s'est en réalité rien passé parce que **l'anxiété, c'est du bluff.** Elle veut vous faire croire que vous êtes en danger alors que vous êtes en totale sécurité. En réalité, tout va bien.

Pendant ces vacances, la phobie d'impulsion a montré le bout de son nez à deux reprises : sur le bateau pour aller sur une petite île à 45 minutes de la côte. C'était un peu la même peur que celle lorsque j'étais enfant. La 2ème se produisit au sommet d'une montagne. J'avais peur du vide et de ce que je risquais de faire. Atteindre une fois de plus à ma vie. En réalité, je voulais vivre et profiter du moment. Je ne comprenais pas ce qu'il m'arrivait.

Les années suivantes, j'ai vécu cette phobie plus rarement. Seulement lorsque nous prenions l'autoroute.

Et puis... Y'a eu l'année dernière... L'année qui a changé ma vie et dont je vous parlerai encore dans d'autres chapitres. L'année précédant mes 40 ans. Elle m'aura permis d'apprendre énormément de choses sur moi-même, de me libérer. Mais n'ayant pas encore suffisamment bien en main le mode d'emploi par rapport à l'anxiété, elle fera aussi partie, je pense, de l'une des années les plus difficiles de ma vie.

J'avais commencé l'année par la formation Switch puis Reset de François Lemay, suite à une phase d'anxiété généralisée. Switch m'a aidée à ramener du calme dans mon mental pour accueillir plus facilement les sensations et pensées anxiogènes afin de reprendre la maîtrise sur mes pensées. Reset m'a permis de mieux me connaître, mieux m'observer dans mon quotidien, savoir ce qui me drainait de l'énergie et ce qui me mettait des étoiles dans les yeux, de me connecter à qui je suis profondément, et puis à me libérer de certaines de mes croyances limitantes, certaines de mes blessures.

Cela faisait presque cinq ans que je vivais avec Pierre et un an que je m'interrogeais sur ma relation avec lui, et ce, pour différentes raisons que je n'exposerai pas ici. Grâce à ces formations et à mes prises de conscience, j'ai pu prendre de la hauteur et observer ce qui pour moi était correct ou non. Aux mois de mai-juin, j'étais beaucoup chahutée intérieurement : la peur de me tromper, de faire le mauvais choix, d'être seule... Ces peurs ont créé en moi beaucoup de stress et d'anxiété. Et puis... C'est en juillet que j'ai réussi à faire le pas. J'étais sûre de moi. Je ne voulais plus continuer à vivre de cette manière. Cela a été une libération de faire enfin ce choix et de me sentir en accord avec moi-même.

Deux semaines plus tard, j'ai rencontré Sam lors d'une soirée. Bel homme, charmant, charmeur, qui était dans le même domaine que moi. J'étais subjuguée. Mais les apparences sont trompeuses. Il avait plusieurs facettes dont une qui me faisait très peur, et à juste titre. Ses mains sur mon cou, son regard devenant si noir subitement... je pensais qu'on allait retrouver mon nom dans la rubrique nécrologique. Drogue, sexe et alcool, non merci, très peu pour moi. J'ai mis fin à cette relation assez rapidement. Mais tout ce stress, ces peurs, cette anxiété que je vivais depuis plusieurs mois ont fini par me toucher plus que je ne l'avais pensé. J'ai fini par m'enfoncer dans l'anxiété généralisée, les crises d'angoisse puis les crises de panique, pour finir par vivre de nouveaux épisodes de phobies d'impulsion. Celles-ci ont été plus graves que par le passé. J'en étais arrivée à vraiment craindre de mettre fin à mes jours, avec des images, des pensées intrusives et obsédantes. Vais-je sauter du pont ? Ce pont qui était facile d'accès, à deux pas de chez moi. Ces images me venaient sans cesse, et je me voyais sauter comme si cela allait vraiment se passer. J'en pleurais de souffrance car c'était en réalité, la dernière chose que je souhaitais. Mais comment savoir si ces pensées de passage à l'acte étaient réelles ou non à ce moment-là ? J'avais complètement perdu confiance en moi. Je voulais tellement vivre que j'ai pris la décision de me faire hospitaliser afin de m'assurer que je sois en sécurité.

Cela n'a pas été facile mais il m'a fallu voir cette partie -là de moi, la plus sombre. Aller le plus loin possible, croire vraiment que j'étais capable du pire, vivre cette souffrance pour prendre conscience qu'en réalité j'avais tout fait pour me sauver. **A aucun moment, ces pensées, ces images qui me venaient ne se sont réalisées parce qu'en réalité, la seule chose que je souhaitais, c'était vivre.** J'avais mis tout ce que je pouvais mettre en place pour être en sécurité. D'avoir vécu cette expérience et de prendre conscience de cette envie de vivre, aujourd'hui, cela me rassure, et me permet de me détacher beaucoup plus facilement de mes pensées anxiogènes. Après tout ce ne sont que des pensées !

## POINTS CLÉS DU CHAPITRE

- La phobie d'impulsion, c'est la peur de perdre le contrôle sur son corps, de faire du mal, de faire des choses répréhensibles. Ce sont des pensées et des images intrusives qui deviennent obsessionnelles, d'où le fait que cela soit classifié dans les TOC (Troubles Obsessionnels Compulsifs).

- Elle est liée à une dérégulation de la sérotonine et de la dopamine.

- Le trouble s'aggrave, le plus souvent, dans les périodes de grande fatigue, de surcharge émotionnelle et mentale.

- La phobie d'impulsion ne pousse jamais à commettre un crime.

- Cela touche des personnes qui ont une morale très élevée, qui ne supportent pas la moindre tension intérieure et qui ont une mauvaise estime de soi.

- Elle peut toucher les jeunes parents et particulièrement la maman après l'accouchement.

- Important de consulter ou d'en parler. Ne pas rester seul avec ces peurs.

## 4 POINTS M'ONT AIDÉ À ME LIBÉRER :

- Bien sûr les antidépresseurs qui recapturent la sérotonine pendant quelques mois, dans la période la plus difficile. Pour m'aider à rééquilibrer les neurotransmetteurs et à sortir la tête de l'eau dans un premier temps. Les antidépresseurs ne sont ni magiques ni à stigmatiser. Quand on arrive à un certain stade, ils peuvent nous aider à refaire surface. Cependant, un travail sur soi, une thérapie, un suivi sont aussi plus que nécessaires.

- De voir cette partie de moi la plus sombre, d'être aller le plus loin possible, croire vraiment que j'étais capable du pire et voir que finalement, tout au bout, il y a toujours la vie.

- D'avoir vécu ces phases en pleine conscience. Observer ce que je vivais et voir que finalement ces pensées-là disparaissaient aussi. A aucun moment je ne perdais le contrôle et réalisais ces peurs. Ce qui a renforcé ma croyance que tout passe, et tout change, tout le temps, ainsi que celle que je pouvais avoir la capacité de dépasser mes peurs.

- Intégrer à force d'expériences qu'effectivement, l'anxiété, la phobie d'impulsion, c'est du bluff.

- Renforcer ma foi en la vie.

Et maintenant que vous connaissez tous les secrets du fonctionnement de votre corps et de votre mental lors des périodes d'anxiété, d'angoisse, de crise de panique, voire, de phobie d'impulsion, nous allons pouvoir ensemble mettre en place des solutions et des outils pour mieux vivre ces phases, changer nos croyances positivement et danser enfin avec la vie.

## EXERCICE DE TCC (THÉRAPIE COGNITIVO-COMPORTEMENTALE)

La TCC ce sont des exercices pratiques qui permettent de prendre conscience de nos pensées négatives, nos croyances limitantes, nos émotions mal vécues et nos comportements inadaptés. De travailler dessus, de les changer afin de créer plus de cohérence et revenir à la réalité.

Je vous propose dans cet exercice d'écrire, dans un premier temps, sur une feuille, vos pensées anxiogènes de la journée, dans quelle situation vous les avez vécues, quelles ont été vos émotions et vos sensations physiques, et quelles ont été vos réactions, vos croyances.

Puis vous soulignez les pensées et croyances dominantes; et vous vous poserez la question : en réalité, à quel pourcentage cette pensée ou croyance est vraie? 0% étant : pas vrai du tout, 100% tout à fait vrai !

Puis de noter des pensées plus réalistes et positives qui pourraient vous aider.

Je vous mets comme outils un tableau avec un exemple pour vous aider.

Commencez par des situations faciles.

**Pour des situations ou des pensées où l'anxiété est trop intense, il est préférable de travailler avec un professionnel en thérapie cognitivo-comportementale.**

| | | |
|---|---|---|
| **Situations** :<br>Quand ?<br>Qui ?<br>Quoi ?<br>Où ? | Ce matin, je suis allée dans une grande surface, seule. | |
| **Sensations :**<br>Niveau d'énergie, appétit, douleur, qualité du sommeil, tensions musculaires, fatigue, augmentation rythme cardiaque, respiratoire, vertiges… | Palpitations, difficulté respiratoire, oppression thoracique, vertiges. | |
| **Emotions :**<br>Tristesse, peur, joie, colère. nervosité, stress, angoisse, culpabilité, honte…)<br>Noter ce que je ressens et évaluer l'émotion entre 0/10 (10 étant la plus intense) | Angoisse, peur 70% | |
| **Pensées automatiques :**<br>Quelles sont les pensées automatiques qui déclenchent cette émotion? Quelles images ou souvenirs me viennent à l'esprit ? La quelle m'empêche de faire les choses que je voudrais faire ou que je crois devoir faire?<br>Souligner la pensée dominante. | Et si je faisais un mal aise devant tout le monde et que je finissais à l'hôpital. (10%) Et si je ne pourrais plus jamais faire mes courses. (0%)<br>Je ne vais pas y arriver, je suis trop nulle. (10%) | |
| **Pensées alternatives :**<br>1 ou plusieurs.<br>Evaluez le degré de croyances des pensées entre 0 et 100% | Je suis tout à fait capable de faire mes courses. C'est de l'anxiété c'est du bluff, je me sens en danger mais je ne suis pas en danger. Une situation difficile à gérer ne fait pas de moi quelqu'un de nulle, je suis aussi capable de faire beaucoup de choses. | |

# PARTIE II

# REPRENDRE LA MAÎTRISE DE SES ÉMOTIONS

# 7

# DÉSATURER SON MENTAL

> *Avoir du temps, c'est posséder le bien le plus précieux pour celui qui aspire à de grandes choses.*
>
> — *PLUTARQUE*

## BIEN RIEN FAIRE

Bien rien faire. Prendre le temps de se reposer, de récupérer, de se poser. Une notion qu'on vous a peut-être déjà répétée plus d'une fois si vous avez particulièrement tendance à l'hyperactivité. Un concept qu'on m'a répété, répété, répété mais dont j'ai longtemps été incapable de mettre en application.

Après mon divorce, je comblais mon temps en enchaînant les formations qui remplaçaient mes vacances; ou bien, je m'entraînais aux postures de yoga, à la méditation dans le sens, encore une fois, de l'apprentissage. Je ne lisais plus de roman mais des livres de développement personnel. Même lorsque j'étais malade, j'éprouvais cette difficulté à rester en place.

« Manue prend le temps de te reposer, tu en fais trop, tu vas craquer » me répétaient mes proches.

Ne bien rien faire m'a paru pendant longtemps impossible. J'avais tellement d'envie, tellement d'idées.

« S'arrêter mais vous êtes fou !? Je n'ai pas le temps, faut que ça avance ! Et puis ça me plaît ce que je fais, ce que j'apprends. »

Cela me plaisait oui ! Et cela me plait toujours. La différence, c'est qu'aujourd'hui, j'ai appris à écouter mon corps et mes besoins *(Je vous en dirai plus dans le chapitre 9).*

Mes proches avaient raison. En tirant trop longtemps sur la corde, j'ai fini par faire un premier burn-out. C'est à la suite de cette période que les angoisses et les crises de panique ont commencé.

Par la suite, dès que je dépassais ma capacité d'adaptation *(que nous verrons aussi au chapitre 9),* je me retrouvais très vite en surmenage physique, mental et émotionnel avec de nouveaux passages d'anxiété généralisée, avec angoisse et panique à bord.

> *Certains réseaux du cerveau deviennent plus actifs quand vous ne faites rien de particulier. Il est très important de laisser arriver ces moments. C'est exactement comme l'exercice physique : si vous marchez pendant une longue période, il faut bien vous arrêter pour prendre du repos. Si vous n'appliquez pas ce principe à votre cerveau, vous étouffez votre créativité, votre connaissance de vous-même. C'est malsain.*
>
> — *ANDREW SMART, INGÉNIEUR CHEZ GOOGLE, « AUTOPILOT. THE ART & SCIENCE OF DOING NOTHING »*

**Ne bien rien faire permet de désaturer son mental et d'y voir plus clair.** Combien de fois m'aura t'il fallu pour aller au bout de mon énergie et enfin écouter ce besoin de faire l'étoile de mer sur mon lit. Quel bien-être ! Quelle délivrance ! Rester simplement là, avec ou sans musique de relaxation ! Respirer ! Souffler ! Et laisser mon corps se régénérer.

Malgré ces expériences, dès que mon énergie me le permettait, je continuais encore et toujours à remplir mon agenda de tâches à faire, allant pour cela, au bout de ma réserve.

**Jusqu'à l'année dernière où j'ai pris conscience de l'importance de prendre des moments pour ne rien faire sans culpabiliser.** Ah cette culpabilité qui nous fait croire que nous sommes des bons à rien, que nous devons toujours et encore faire pour être utiles. En voilà une belle croyance limitante de notre société! « Si tu te poses, c'est que tu es un(e) fainéant(e). »

Stop ! Mes chers amis, **ne bien rien faire, c'est se foutre la paix, se permettre de juste être.** Aujourd'hui, j'apprécie ces moments de pause où je m'installe dans mon fauteuil balançoire, comme dans un cocon, et je me laisse bercer. Etre juste là, silencieuse, je ne fais strictement rien. Je n'essaie pas d'arrêter de penser. Je laisse mes pensées errer, et j'observe ce qu'il se passe en moi sans m'y accrocher. Je regarde les bougies et la lumière d'ambiance que j'ai installées, ou les nuages qui passent dans le ciel, les oiseaux, tout ce qui m'entoure. Je suis **juste là, sans attente.** Par moment, j'observe ma respiration calme et tranquille. Je n'ai pas la pose de méditation que je prenais avant, avec le dos droit, assise en ouverture sur un coussin de méditation. Mais finalement, je prends conscience que c'est juste ça, qu'il n'y a rien à faire de plus, pas d'attente, pas de performance. **Juste être connectée à mon corps, à ma respiration et mon environnement à travers mes sens, sans rigidité, sans chercher à performer, sans chercher à atteindre quoi que ce soit.**

> *Ne bien rien faire, c'est se foutre la paix, se permettre de juste être.*

Ce concept en soi, je le connaissais mais je ne l'avais jamais expérimenté de cette façon. Même dans la méditation, j'étais souvent dans le faire pour bien faire, pour atteindre la paix ou un super « pouvoir » spirituel. Mais rien n'est ni bon ni mauvais. C'est un chemin. Toutes ces années de méditation m'ont beaucoup appris. Et il m'aura fallu tout ce temps pour enfin lâcher prise. Je ne vous cache pas non plus que les vieilles habitudes peuvent revenir. Mais à force de répétition et d'entraînement, s'observer, faire le calme intérieur et s'adapter devient de plus en plus facile.

## RALENTIR, UNE CHOSE À LA FOIS : STOP AU MULTITASKING

> *Détendez-vous, ami. Ralentissez, Respirez. Trouvez votre sol. Sachez que tout se déploie selon une intelligence d'une beauté inimaginable. Même quand rien ne va, tout va, en quelques insondables sens. Détendez-vous, ami, vous n'avez pas besoin de savoir. Ralentissez. Respirez. Trouvez votre soi.*
>
> — *« SE REPOSER » DE JEFF FOSTER*

Cet extrait était tombé à point nommé, l'année dernière, pendant cette fameuse période d'anxiété généralisée. Elle a déclenché en moi comme un TILT. C'était comme LA pièce qui finissait le puzzle.

Lors de ma formation en MBSR (Gestion du stress par la pleine conscience), j'avais déjà pris conscience de **l'importance de ralentir.** A chaque fois que je prends le temps d'être dans ce que je fais pleinement, cela me procure un bien-être profond. Je ressens ce calme intérieur, cette sérénité. J'appelle cela : **la joie sereine.** Je me sens simplement heureuse dans l'instant, le cœur grand ouvert.

Par des actions si simples que monter les escaliers en laissant glisser ma main sur le mur, marcher doucement dans ma chambre et fermer les velux, attentive aux mouvements, seule, dans un calme et un silence total.

Cette citation, je l'ai même recopiée et accrochée au mur pour m'aider à ralentir.

Dans notre société actuelle, je pense qu'on n'a pas besoin de se coller l'étiquette d'hyperactif(ve) pour être dans cet engrenage de multi-tâches. **Notre cerveau est devenu un ordinateur traitant avec une rapidité incroyable tout ce que nous devons faire.** Dès le réveil, pour la plupart des personnes, c'est la course. Le temps est chronométré. Penser à tout ce que nous devons faire, ou excusez-moi si cela va vous piquer : CROYONS que nous devons faire ! C'est bien une croyance encore une fois.

Mais si comme moi, vous avez été longtemps malade, fait un burn-out ou que pour une autre raison, vous vous êtes retrouvé coincé au lit pendant de longs mois, voire des années, vous avez peut-être observé, tout comme moi, que lorsqu'on ne peut plus, on ne peut plus. Il peut y avoir toutes les tâches du monde à accomplir, si notre corps n'a plus d'énergie et nous cloue au lit, nous ne pouvons pas les réaliser. Est-ce si grave finalement de ne rien faire ?

**C'est avec le monde industriel que tout a commencé à être chronométré.** Le fameux "Métro – Boulot – Dodo". Avant cela, on prenait le temps de faire une pause, de discuter un peu, d'aller boire un verre, de casser la croûte. On travaillait à son rythme.

Le temps doit être de plus en plus rentable. L'homme doit être toujours plus performant. Le temps, c'est de l'argent.

Puis est venue la technologie pour nous permettre, dans un premier temps, de réaliser des tâches plus facilement, plus rapidement mais aussi, dans un deuxième temps, demander à notre cerveau d'être ultra-connecté.

**Ralentir est devenu essentiel dans notre monde actuel.** Prendre le temps de vivre, de faire, mais aussi le temps d'être.

Lorsque nous sommes pris par plusieurs tâches en même temps, nous pensons être performants, nous pensons peut-être que nous n'avons pas le choix, étant donné la liste des choses à faire. En réalité, **prendre le temps de faire chaque tâche les unes après les autres nous permet de gagner en énergie et en concentration.**

Cela vous est-il déjà arrivé de vous demander si vous avez bien pensé à fermer la porte d'entrée par exemple ? Vous partez et vous revenez pour vérifier. Ou peut-être, vous est-il déjà arrivé, dans ce stress de tout faire rapidement et en même temps, de faire tomber un verre, ou pire la bouteille d'huile sur le sol ? Combien de temps cela vous prendra t'il de nettoyer à ce moment-là ? La tension en vous monte encore d'un cran et vous prend le peu d'énergie qui vous reste.

Stop, calme-toi ! Prends le temps de faire chaque chose les unes après les autres.

**Les bienfaits de faire une tâche après l'autre :**

- Calmer notre mental,
- Nous permet d'y voir plus clair,
- Être plus efficace,
- Gagner en énergie et en bien-être.

**Alors finalement, et si vous preniez le temps ?!**

## LE POUVOIR DE LA NATURE

Voilà un autre point essentiel : la nature.

La nature qui nous ressource, nous apaise et nous régénère. « I love that ! »[1]

Dans cette course effrénée de la société, rien de mieux qu'un bain de forêt, une balade sur la plage, ou une randonnée en montagne.

Chaque matin lorsque je dépose ma fille au collège, je prends un temps pour aller marcher et me poser dans la nature. A chaque fois, je me sens apaisée, recentrée, plus créative, émerveillée par ce qui m'entoure, présente et ancrée. Et chaque fois, j'ai ces pensées qui me reviennent : « C'est tellement ça la vie ! J'aimerais tellement vivre là ! Ralentir, et juste être, au lieu de courir, d'accumuler les tâches. Revenir à la simplicité de l'être. »

**Dans notre quotidien, notre cerveau est sur-stimulé par les bruits** (les voitures, les klaxons, le bruit des machines, les notifications du portable...) , **par la foule, par les écrans** en tout genre, **par la lumière artificielle**, et j'en passe. Tout cela **entraîne la production d'hor-**

**mones de stress** et des conséquences sur notre vitalité, nos capacités cognitives, l'augmentation de l'anxiété et de la dépression.

Dans la nature, au contraire, tout est calme, reposant.

> *En 2010, des chercheurs de l'université de Stockholm exposèrent des adultes volontaires alternativement à des facteurs de stress mental, puis à des bruits de circulation ou à des sons naturels (eau et oiseaux). Ils observèrent que les marqueurs physiologiques revenaient plus rapidement à la normale avec les sons naturels. A l'hôpital, les sons naturels participent à un meilleur sommeil chez les patients après une intervention cardiaque, à une baisse des hormones de stress pendant l'intervention, et à une diminution de la douleur pendant une bronchoscopie.*
>
> *Le Dr Yoshifumi Miyazaki et le Dr Juyoung Lee, [...] établirent que les bruits de ruisseau modifiaient la circulation cérébrale dans le sens d'une plus grande relaxation. [... ] Les chercheurs observèrent également que l'écoute d'enregistrement de chants d'oiseaux tôt le matin pouvait mettre de bonne humeur et chasser la fatigue. En cas de problèmes de sommeil, ces sons contribueraient même à rétablir une production normale de mélatonine, l'hormone du sommeil.*
>
> — *« COMMENT LA NATURE SOIGNE NOTRE CERVEAU » DE EVA SELHUB ET ALAN LOGAN*

C'est bien connu, le contact avec la nature améliore notre état physique et psychique. Votre médecin vous le dira, c'est un **excellent anxiolytique.** Il est **même recommandé de marcher minimum 20 minutes par jour dans la nature, au calme, déconnecté du portable.**

**Ses bienfaits physiologiques:**

- Baisse de la fréquence et de la pression cardiaque,

- Baisse de l'activation du système nerveux sympathique (qui je vous rappelle déclenche la sécrétion des hormones de stress.),
- Augmentation de l'activité du système nerveux parasympathique (les hormones de bien-être),
- Diminution des niveaux de cortisol (indicateur de stress),
- Réduction de l'inflammation,
- Stimulation du système immunitaire,
- Augmentation de la vitalité, diminution de la fatigue.

**Ses bienfaits psychologiques:**

- Baisse de l'anxiété,
- Diminution de la dépression et des émotions négatives,
- Amélioration de l'humeur,
- Réduction de la fatigue mentale et de la confusion.

## LE POUVOIR DE NOTRE RESPIRATION

La respiration est pour moi, sûrement, un des outils les plus importants avec l'ancrage que nous verrons un peu plus loin dans le livre *(chapitre 10).*

Cela paraît si simple, si facile, et pourtant si important pour notre bien-être.

Vous avez certainement dû en entendre parler par de nombreux thérapeutes ou dans de nombreux livres parlant du stress et de l'anxiété. La respiration est la clé pour désaturer son mental, et créer de l'espace entre nos pensées.

Eckhart Tolle en parle souvent dans ses livres. Dans le dernier, il nous invite à ménager des pauses, des intervalles dans le flot des pensées, en ramenant notre attention sur notre respiration naturelle. Ressentir simplement la sensation de l'air à l'entrée des narines, ou le mouvement respiratoire dans notre corps.

Lorsque j'ai été alitée pendant un an, je pratiquais régulièrement des exercices de respiration, tout en écoutant de la musique douce et relaxante. Cela m'apaisait profondément, et plus encore. Grâce à cet exercice que je pratiquais quotidiennement pendant 30 minutes environ, je sentais que mon corps se régénérait de mieux en mieux.

Que vous rameniez votre attention sur votre respiration lors de vos méditations pendant 15, 30 ou 60 minutes, ou plusieurs fois dans la journée, ne serait-ce qu'une seule minute, cela va créer une vraie différence dans votre vie. **A Chaque fois que vous faîtes cela, vous reprenez la maîtrise de vos pensées et de ce que vous vivez. Vous y voyez plus clair.**

C'est comme si votre mental était un étang plein de boue. Avec la respiration, vous diminuez le brassage, c'est-à-dire le flux de vos pensées qui vont pouvoir se déposer tranquillement au fond. L'eau étant plus fluide, vous y voyez donc plus clair.

Comme pour la nature, la cohérence cardiaque et d'autres techniques de respiration que vous trouverez dans la rubrique « Exercices », vont vous permettre de :

- Réduire votre perception du stress,
- Vous sentir plus calme, apaisé,
- Lâcher prise plus facilement,
- Prendre de la distance sur la situation,
- Baisser la fréquence et de la pression cardiaque,
- Baisser la sécrétion des hormones de stress, et augmenter celles des hormones de bien-être,
- Diminuer le niveau de cortisol,
- Stimuler le système immunitaire.

Et sur du moyen terme en faisant les exercices régulièrement, cela vous permettra de :

- Avoir une action anti-inflammatoire,
- Avoir une meilleure tolérance à la douleur,

- Améliorer la maladie asthmatique,
- Diminuer les risques cardiovasculaires,
- Diminuer l'hypertension artérielle,
- Diminuer la fatigue,
- Avoir un meilleur sommeil,
- Baisser l'anxiété et la dépression,
- Augmenter vos capacités de mémorisation et de concentration,
- Réduire les troubles de l'attention et de l'hyperactivité.

## POINTS CLÉS DU CHAPITRE

- Pour désaturer son mental, c'est important de prendre du temps pour ne bien rien faire.

- Certains réseaux du cerveau deviennent plus actifs quand vous ne faites rien de particulier.

- « Si tu te poses, c'est que tu es un(e) fainéant(e) » n'est qu'une croyance limitante de la société.

- Dans notre société, on a tendance à faire du multi-tâches. Il est important de ralentir, faire une chose après l'autre. Être dans ce que l'on fait.

- Les bienfaits de la nature sur notre état physiologique et mental sont nombreux.

- 20 minutes de marche dans la nature permet la sécrétion d'hormones de bien-être et diminue celles liées au stress.

- La nature est un très bon anxiolytique.

- Pratiquer des exercices de respiration quotidiennement permet de rééquilibrer le système nerveux, et diminue l'anxiété sur le moyen terme.

- Il est possible de ressentir du calme et de l'apaisement après seulement 5 minutes de cohérence cardiaque.

## EXERICES DE RESPIRATION

Vous trouverez ici différentes techniques de respiration pour vous aider à calmer votre mental, diminuer les hormones de stress et stimuler les hormones de bien-être, et tous les bienfaits cités un peu plus haut.

Vous pourrez retrouver la pratique des exercices sur ma chaîne Youtube, ou en utilisant le QR code qui vous amènera directement à la vidéo.

### 1) La cohérence cardiaque (Dr David O'Hare) :

C'est je pense la plus connue. C'est une respiration lente, ample, régulière et abdominale de 6 cycles respiratoires par minute, à faire pendant 5 minutes, 3 fois par jour.

Je vous invite à tester cette technique pendant minimum 7 à 10 jours pour ressentir les bienfaits à moyen terme.

Vous inspirez lentement pendant 5 secondes par le nez en gonflant votre ventre, puis sans faire de pause respiratoire, vous expirez longuement par la bouche sur le même temps en dégonflant votre ventre.

Si vous en ressentez le besoin, vous pouvez réduire le nombre de cycles, et respirer sur 6, 7 voire 8 temps.

Si vous éprouvez des difficultés à faire une respiration abdominale, je vous conseille de faire l'exercice allongé sur le dos, les jambes repliées, pieds à plat.

**RESSOURCE SUPPLÉMENTAIRE (voir QR Code en début de livre) :** L'exercice de cohérence cardiaque.

2) <u>La respiration alternée simple :</u>

La partie gauche de votre cerveau contrôle le côté droit de votre corps, et la partie droite de votre cerveau le côté gauche de votre corps. Cette respiration permet de rééquilibrer les deux hémisphères. Au yoga, il explique que le fait de respirer par la narine droite stimule la vitalité, et par la narine gauche le calme. Une respiration très efficace pour retrouver le bien-être et se recentrer.

- Installez-vous confortablement de préférence en position assise, avec le dos droit.
- Placez le pouce de votre main droite sur votre narine droite. Vous pouvez déposer votre index et votre majeur sur le front si vous le souhaitez.
- Votre narine droite étant fermée par votre pouce droit, inspirez par la narine gauche en comptant jusqu'à 4.
- Fermez votre narine gauche avec votre annulaire et levez votre pouce pour expirer par la narine droite en comptant jusqu'à 8, puis inspirez par la même narine en comptant jusqu'à 4.
- Fermez la narine droite avec votre pouce et dégagez votre narine gauche afin d'expirer en comptant jusqu'à 8 puis inspirez avec la narine gauche sur 4 temps…
- Faites l'exercice 10 fois de chaque côté.

**RESSOURCE SUPPLÉMENTAIRE (voir QR Code en début de livre) :** La pratique de la respiration alternée.

3) <u>La respiration en carré :</u>

Cette technique est une respiration très simple et efficace à effectuer. On peut la pratiquer dans toutes les postures.

- Inspirez par le nez en comptant jusqu'à 4 et en imaginant devant vous que vous dessinez la première ligne en remontant du carré,

- Retenez votre respiration, poumons pleins, en comptant jusqu'à 4, en imaginant que vous dessinez la deuxième ligne de la gauche vers la droite,
- Expirez par la bouche en comptant jusqu'à 4, en imaginant que vous dessinez la ligne descendante du carré,
- Retenez votre respiration, poumons vides, en comptant jusqu'à 4, en imaginant la dernière ligne qui va de la droite vers la gauche.
- Continuez aussi longtemps que vous le souhaitez.

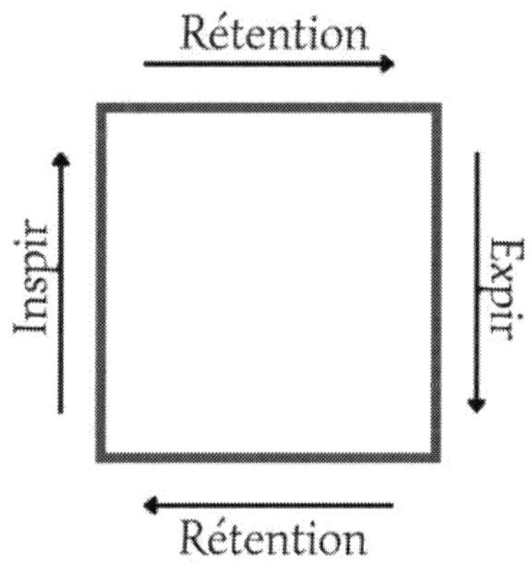


**RESSOURCE SUPPLÉMENTAIRE (voir QR Code en début de livre) :** La pratique de la respiration en carré.

# 8

# APPRENDRE À SE CONNAÎTRE GRÂCE À L'OBSERVATION

> *Il n'y a pas de relation à sens unique. Vous devez d'abord et avant tout vous comprendre vous-même.*
>
> — *LISA NICHOLS*

## POURQUOI APPRENDRE À SE CONNAÎTRE ?

Nous avons longtemps fonctionné selon nos schémas passés. Face à une même situation, nous avons tendance à faire les mêmes actions, à avoir les mêmes pensées, les mêmes comportements qui nous amènent aux mêmes résultats.

Vous vous êtes peut-être déjà dit : « Mais pourquoi cela arrive encore à moi ? Pourquoi je revis sans cesse les mêmes relations de couple? Pourquoi ai-je le même problème avec mes enfants, au travail, ou encore au niveau financier ? »

**Tant que nous faisons les mêmes actions**, tant que nous laissons notre «cheval» de l'inconscient prendre le même chemin selon nos croyances et notre programmation, **nous obtiendrons les mêmes résultats.**

Le premier pas pour changer cela, c'est d'éclairer son chemin, c'est-à-dire de **prendre conscience** de ses automatismes, d'apprendre à se connaître pour savoir finalement ce qui est bon pour soi... Ce qui vous convient, vous correspond ou non. Ce qui vous prend de l'énergie et ce qui vous en donne.

## LA MÉDITATION POUR APPRENDRE À S'ÉCOUTER

Rappelez vous : on a environ 6200 pensées par jour dont 90 % sont inconscientes. Et ces pensées ont tendance à nous embarquer soit dans le passé soit dans le futur. Pour y voir plus clair, nous devons **entraîner notre mental à revenir à l'instant présent.** La méditation est une des techniques les plus efficaces pour cela.

Sous le terme méditation, vous pourrez trouver différentes pratiques. Pour les bouddhistes japonais, nous parlerons de méditation Zen. C'est celle qui va le plus se rapprocher de ce que nous cherchons ici. Il s'agit de s'asseoir simplement sur un coussin de méditation, le dos droit, face à un mur dans la tradition Zen Sõtõ, **de porter son attention sur sa respiration en laissant passer les pensées sans s'y accrocher, sans les juger.** Nous devenons l'observateur(trice) de ce qui se passe en nous, ici et maintenant.

**Au début de ma pratique, je pensais que l'objectif était de faire le vide, de ne plus avoir de pensées.** Un jour, alors que je venais de finir ma méditation lors de la session au Temple Zen Taikosan Ryumonji, je suis allée voir une des nonnes pour lui exprimer ma déception. Mon état d'esprit était tellement agité que je n'arrivais pas à stopper les pensées comme je croyais devoir le faire. Elle m'a souri gentiment et m'a répondu :

« Moi aussi, j'ai des pensées lorsque je médite ! Il ne s'agit ni de les stopper ni de faire le vide, mais plutôt d'accueillir celles-ci avec bienveillance. »

A partir de ce jour-là, ma vision de la pratique a complètement changé. **J'avais compris qu'il me suffisait simplement de ramener mon attention sur ma respiration naturelle à chaque fois que je**

**prenais conscience que j'étais dans mes pensées.** Faire le vide, cela n'existe pas (sauf peut-être pendant quelques secondes ou si l'on est un pratiquant très expérimenté). C'est le va-et-vient entre mes pensées et l'objet de mon attention (ici, la respiration) qui entraîne mon cerveau à revenir à l'instant présent. C'est ainsi qu'au fil de la pratique, je peux calmer le flux de mes pensées et observer simplement ce qui se passe en moi.

## ÉCOUTER SES SENS EN PLEINE CONSCIENCE

Prendre le temps de revenir à ses sens (l'odorat, la vue, le toucher, l'ouïe et le goût) est aussi une pratique de pleine conscience qui nous permet de calmer le flux des pensées et de revenir à l'instant présent. Je dirai même que lorsque nous expérimentons la connexion à nos sens régulièrement, nous pouvons vivre un bien-être profond, et faire des expériences extatiques. Je tiens à préciser que ce dernier n'est pas recherché lors de la pratique de la pleine conscience. Ce n'est pas le but, mais un bienfait que l'on peut vivre lorsque notre mental est calme et que nous ressentons profondément des sensations agréables à travers nos sens.

Comme pour la méditation Zen, il suffit de s'installer en position assise et de porter son attention sur un de nos sens. Nous pouvons aussi le faire en marchant dans la forêt par exemple, en nous concentrant sur les sons qui nous entourent, les odeurs, ou les sensations du vent ou du soleil sur notre peau. **Nous sommes juste dans le ressenti en tant qu'observateur(trice), sans jugement, bon ou mauvais, en totale ouverture avec ce qui est, sans vouloir changer quoi que ce soit**, dans un état d'esprit : « Voici l'expérience que je fais en ce moment. »

Pour pratiquer la pleine conscience, vous n'avez pas forcément besoin de vous poser tous les jours pendant 30 minutes. Vous pouvez aussi vous entraîner quotidiennement à revenir à votre respiration ou à vos sens pendant 30 secondes ou 1 minute, plusieurs fois par jour. Vous pouvez aussi décider d'être complètement attentif(ve) à vos sens lors d'une de vos activités quotidiennes. Par exemple, prendre le temps de ressentir l'eau sur votre peau lorsque vous prenez la douche, de sentir l'odeur de votre gel douche, d'écouter le bruit des gouttelettes d'eau qui tombent du pommeau.

**Une expérience restera gravée en moi.** C'était au début de l'été. Je me suis installée sur les marches d'escalier qui donnait sur le jardin. Les yeux fermés, je sentais les doux rayons du soleil réchauffer mon visage. J'appréciais le chant des oiseaux qui voletaient dans les arbres. Un morceau de melon dans les mains, je prenais le temps de respirer son parfum avant de le croquer doucement. Sentir la douceur de sa chair dans ma bouche, son arôme sucré. Être juste attentive à sa saveur et à mes sens m'a fait vivre un moment de bonheur profond. J'étais complètement présente, ici et maintenant, sans bavardage mental, simplement dans ce qui est.

J'ai pu faire des expériences similaires par la suite. Parfois des choses très simples comme prendre le temps de marcher dans la nature, sentir l'eau qui glisse entre mes doigts lorsque je nage, regarder le crépitement du feu. Mais je vous avouerai que celle que je préfère, c'est déguster un savoureux repas dans un restaurant.

Bien sûr, là, je vous parle de pleine conscience lors d'expériences agréables. Mais n'oublions pas la base: se connecter à ses sens en toute équanimité, en toute neutralité pour juste être avec ce qui est *(je vous en dirai plus dans le chapitre 10).*

## LA CONSCIENCE QUE TOUT CHANGE TOUT LE TEMPS

Selon les bouddhistes, **la loi de l'impermanence**, *Anitya*, « non-éternité » est l'une des trois caractéristiques de toute chose. Selon Gautama Bouddha, l'attachement aux choses impermanentes est la cause de la souffrance, *dukkha*, car ce qui est impermanent ne peut être satisfaisant.

**C'est une loi universelle du vivant, tout change tout le temps.** Il suffit d'observer la nature pour s'apercevoir que tout meurt un jour pour renaître, après être passé par différentes phases de transformation.

Un exemple simple, il suffit de voir les quatre saisons. Au printemps, la graine germe doucement dans la terre, grandit petit à petit pendant des semaines pour se transformer en magnifique fleur en été en s'épanouissant sous les rayons du soleil. Et puis arrive l'automne, elle perd ses pétales et s'abandonne en toute confiance à la terre pour se reposer enfin en hiver jusqu'à sa prochaine floraison.

**Étant un être vivant, l'humain est lui aussi soumis à cette loi.** Avez-vous déjà observé ces cycles qui reviennent de manière plus ou moins intense, selon les périodes?

Nous aussi, nous vivons des phases où il est bon de revenir sur soi pour se reposer. Nous pouvons l'observer au même rythme que le cycle des quatre saisons. En automne, notre corps nous demande de ralentir pour nous reposer et être plus dans l'introspection en hiver. Petit à petit c'est comme si nous nous réveillons au printemps, régénérés prêts à accueillir l'été, le mouvement, les sorties, plus ouverts au monde.

Bien sûr, ces cycles peuvent changer selon l'endroit où vous vivez, et peuvent même revenir en dehors des saisons.

Il est bien possible qu'à n'importe quel moment de l'année, vous traversiez une phase où la vie vous demande de vous reposer: en cas de maladie, de stress chronique, d'anxiété, de choc post-traumatique, ou d'événement douloureux.

> “ *La loi de l'impermance tout change tout le temps.*

Parfois, cela paraît évident, nous nous sentons fatigués, malades, nous prenons le temps de nous reposer pour nous régénérer, et c'est reparti.

D'autres fois, nous pouvons avoir l'impression que cela nous tombe dessus. Nous nous sentions bien, tout semblait couler de source, nous avancions sur nos projets, et un événement inattendu -la perte d'un être cher, de notre travail, une séparation, une maladie grave- croise notre chemin. C'est le choc comme si l'hiver était annoncé en plein mois d'août.

**Nous nous accrochons au passé.** Nous voulons retrouver ce que nous avons perdu. Peut-être luttons-nous, petit-être nous battons-nous, refusant la réalité. Nous souffrons à cause de notre attachement à ce qui était.

C'est ce que j'ai eu tendance à faire toute ma vie lorsque je sentais que mon corps était trop fatigué pour avancer, ou quand les angoisses montraient le bout de leur nez. Je continuais quand même. Je voulais rester qui j'étais, continuer à danser la salsa le mardi soir, continuer à travailler comme si de rien n'était, continuer à vivre "normalement". Je me battais contre cette fatigue menant mon corps toujours plus loin dans l'épuisement. J'avais peur. Peur que ma vie se résume à m'enfermer chez moi, à ressentir ces symptômes affreusement désagréables dans mon corps, seule et honteuse d'être si faible et vulnérable. J'étais en colère contre moi-même et contre la vie.

Et plus je luttais et plus mon état s'intensifiait.

**Plus nous nous attachons au passé, à ce que nous désirons, plus nous risquons de souffrir.**

Intégrer la loi de l'impermanence, c'est comprendre que tout change tout le temps, et c'est pouvoir accueillir dans sa vie les phases agréables comme les phases douloureuses sans s'y attacher. Cela aussi changera.

Nos cellules- mêmes sont soumises à cette loi du changement. Elles meurent et laissent la place à de nouvelles.

Nos pensées, nos sentiments, nos croyances changent à chaque instant. Dans tous les cas, nous ne serons jamais plus les mêmes qu'à l'instant précédent. Que le changement soit minime ou important, nous évoluons.

. . .

## LA PLEINE CONSCIENCE INTÉGRATIVE

La pleine conscience intégrative va nous permettre d'observer le vivant en nous, d'observer avec détachement et bienveillance, les différents cycles de notre vie, dans la conscience que tout change tout le temps.

Pour moi, quelque part, **la vie devient un jeu.** J'apprends à me connaître. J'observe dans mon quotidien ce qui fait briller mes yeux, ce qui me donne de l'énergie, et ce qui m'en prend. Rien n'est bon, ni mauvais. Tout devient expérience et réajustement. Bien sûr, comme tout le monde, mon petit mental, mon ego refait surface, et souvent d'ailleurs. Parfois, je dépasse mes limites, parfois mes croyances me mènent par le bout du nez. D'autres fois, je me laisse emporter par mes mécanismes de défense. **La différence aujourd'hui, c'est que je me vois.** Je m'observe dans toutes ces phases de vie, dans mes réactions, mes pensées, et je fais du mieux que je peux pour me comprendre, et comprendre la ou les personnes avec qui je suis en relation à ce moment-là. Je me réaligne avec ce qui est juste et bon pour moi. Et je n'hésite pas à demander de l'aide à mes proches, à un coach ou à un thérapeute lorsque je suis trop prise dans mes anciens schémas. **Parfois, on a besoin d'un regard extérieur pour prendre plus facilement de la distance sur ce que nous vivons.**

Ce que j'apprécie dans ma relation amoureuse aujourd'hui, c'est de vivre dans cette conscience avec amour et bienveillance. Je nous vois parfois avec nos egos... On voudrait avoir plus raison que l'autre, accuser l'autre d'être responsable. Je me vois dans ma réaction à vouloir le « mordre » parce qu'il a réagi sur la défensive par rapport à quelque chose que je lui ai dit. Alors je rouspète dans ma barbe comme une enfant. On se regarde, agacés, la même mine fermée, crispée, prête à attaquer, et en même temps, je sens qu'il y a beaucoup d'amour. On lâche notre léger venin avec une certaine retenue, entre la colère qui a besoin de sortir et l'envie de ne pas blesser l'autre. **La conscience est là, et c'est cela qui est beau.**

Un jour, nous étions particulièrement fatigués tous les deux. J'ai senti notre ego prendre toute la place. Nous avions des besoins différents, et **la peur de ne pas pouvoir les satisfaire nous a fait réagir** fortement. Nous souhaitons chacun de notre côté nous adapter l'un à l'autre, nous faire plaisir et en même temps écouter nos besoins qui se faisaient urgents. Entre frustration et colère, ça a explosé. Cependant, une fois calmés, nous avons pu prendre de la distance et observer ce qui venait de se jouer pour chacun. Et nous avons pu nous retrouver avec amour très rapidement. Le fait de prendre conscience de ce qui s'était passé permet d'apprendre à se connaître, à connaître l'autre, et à faire mieux ou différemment la fois suivante. Changer nos réactions, nos pensées pour rester dans l'amour et la bienveillance.

## POINTS CLÉS DU CHAPITRE

- Apprendre à se connaître nous permet de savoir ce qui est bon pour nous. Savoir ce qui me convient, me correspond ou non. Ce qui me prend de l'énergie et ce qui m'en donne.

- Nos pensées ont tendance à nous embarquer soit dans le passé soit dans le futur. Pour y voir plus clair, nous devons entraîner notre mental à revenir à l'instant présent, grâce à un objet de méditation, qui peut être soit la respiration, soit les sens par exemple.

- Méditer pour devenir l'observateur(trice) de ce que nous vivons.

- Il ne s'agit ni de stopper ni de faire le vide, mais d'accueillir nos pensées avec bienveillance. Sans jugement de ce que nous vivons dans l'instant.

- Nous pouvons pratiquer 30 minutes assis, 1 minute plusieurs fois par jour, porter notre attention sur nos sens lors d'une activité quotidienne.

- La loi de l'impermanence, tout change tout le temps. C'est l'attachement aux choses impermanentes qui est la cause de nos douleurs, au passé, à ce que l'on avait, et plus nous luttons et plus notre souffrance s'intensifie.

- Il est important d'accueillir chaque phase de notre vie avec la conscience que tout change tout le temps, avec détachement.

- La pleine conscience intégrative, c'est prendre conscience de ce que nous vivons en étant l'observateur(trice) afin d'apprendre à mieux se connaître.

## EXERCICES

### 1) Exercice de méditation sur l'observation :

- Prenez un moment de tranquillité et de calme. Rien que pour vous. Assis ou debout.
- Entraînez votre conscience en ramenant votre attention ici et maintenant, en portant votre attention sur votre respiration ou sur un détail de votre environnement qui vous fait du bien : une image, un son, une sensation.
- A chaque fois que vous partez dans vos pensées, revenez à votre respiration ou à l'objet que vous avez choisi.
- Faites l'exercice tous les jours de préférence pendant 5 , 10, 15 , voire 30 minutes ou plus. C'est vous qui choisissez.
- Vous pouvez aussi -dans le même état d'esprit- programmer une sonnerie sur votre portable toutes les heures ou toutes les 2 heures vous rappelant de revenir ici et maintenant. Et pendant 30 secondes à 1 minute, vous ramenez votre attention sur votre respiration ou un de vos sens, prenez pleinement conscience de l'instant présent.

**RESSOURCE SUPPLÉMENTAIRE (voir QR Code en début de livre) :** Méditation guidée sur l'observation : 5 min rituel du matin, s'éveiller à la nature.

### 2) Méditation guidée sur l'impermanence :

**RESSOURCE SUPPLÉMENTAIRE (voir QR Code en début de livre) :** Méditation guidée : Lâcher prise: tout change tout le temps

### 3) Prenez le temps de noter dans votre cahier :

- Quelles sont les expériences qui vous boostent et celles qui drainent votre énergie ? Je vous invite à faire une liste de celles-ci.
- Que pourriez-vous mettre en place pour avoir plus de temps ?
- Imaginez maintenant que tout est possible, que feriez-vous ? Permettez-vous de rêver, c'est déjà un premier pas vers la réalité.

# 9

# ETRE À L'ÉCOUTE DE SES BESOINS : SAVOIR DIRE STOP

> *Je considère maintenant mon corps comme mon plus grand ami et guide sur la Terre et je réapprends à le respecter, à l'accepter et à l'aimer comme il se doit.*
>
> — *LISE BOURBEAU*

## CONNAÎTRE SES BESOINS

Dans notre société actuelle, nous sommes beaucoup dans "le faire", sans trop se poser de question. Parfois même sommes-nous dans un sentiment d'obligation comme si la vie se résumait à cela. Nous nous levons le matin en mode automatique pour réaliser nos gestes quotidiens avant de partir travailler. Si nous avons des enfants, nous allons courir plus vite encore après le temps pour les déposer à l'école, et souvent, en les stressant. Puis, toute notre énergie est au travail.

Femmes ou hommes au foyer, nous la mettons dans l'ensemble des tâches qui nous incombent: ménage, lessive, cuisine, se rendre à l'école récupérer les enfants pour le déjeuner et les y ramener l'après-midi. Parfois, nous jonglons entre le travail, les enfants, le ménage sans oublier la préparation des repas. Le soir, nous sommes exténué(e)s. Peut-être profitons-nous, le soir, devant notre poste de télévision d'un temps de répit, quand on ne finit pas directement au lit en même temps que les enfants!

**Nous sommes tellement dans le faire, dans l'automatisme que nous oublions d'écouter nos besoins**, jusqu'au jour où notre corps s'exprime par des douleurs, de la fatigue, et/ou des maladies.

Si nous sommes en couple, nous pensons peut-être qu'il est normal que notre conjoint(e) nous comprenne. Normal qu'il ou elle nous aide à combler nos besoins. Nous sommes dans l'attente, dans la frustration, voire la colère lorsqu'il n'y a aucune réaction de sa part. Mais comment l'autre pourrait intervenir alors que nous-mêmes sommes incapables d'écouter et d'identifier nos propres besoins?

**Connaître ses besoins permet de mieux vivre.**

Pour cela, notre corps est un très bon indicateur. Nos pensées, nos émotions et notre corps sont inter- reliés.

Si un besoin n'est pas comblé, nous allons avoir tendance à ruminer, à être stressés ou même, être en colère. Notre corps sera alors tendu. Nous pouvons souffrir de maux de tête par exemple, ou encore sentir nos trapèzes, notre visage crispés. C'est aussi avoir une respiration plus rapide, subir une compression thoracique ou ressentir tout autre symptôme physique de stress déjà évoqué.

Cela pourrait être intéressant de prendre 2 minutes pour respirer, se centrer et être à l'écoute de soi. Observer ce que nous ressentons physiquement, mais aussi émotionnellement afin de savoir si notre besoin du moment est comblé ou non.

- Une émotion agréable et un corps détendu indiquent que le besoin est comblé.
- Une émotion désagréable et un corps tendu indiquent qu'il ne l'est pas.

Puis, je peux me poser la question : **De quoi ai-je besoin aujourd'hui ?**

- De détente, de cocooning, de calme,
- D'un moment rien que pour moi, de solitude,
- D'amour, de tendresse, de réconfort,
- De me distraire, de m'amuser, de rire, de faire du sport, de bouger,
- De voir du monde, de partager, de découvertes,
- Ou d'autres choses encore que vous identifierez grâce à la liste.

Dans un **cahier**, vous pouvez noter **chaque jour les besoins que vous avez identifiés, et ce que vous avez trouvé pour les satisfaire.** Cela vous permettra de les combler à nouveau, plus facilement par la suite.

Exemples :

Aujourd'hui, j'ai besoin d'amour, de tendresse :

- Je peux l'exprimer auprès de mon conjoint,
- Je peux le vivre avec mes enfants, mes parents...
- Je peux aussi faire un exercice de respiration sophro-synchronique : A l'inspiration, je laisse venir le mot Amour et à l'expiration, le mot Joie, une joie sereine que je laisse glisser à travers chacune des cellules de mon corps.
- Je peux aussi inspirer l'Amour et sur l'expiration la diffuser dans une belle lumière tout autour de moi.
- Besoin de tendresse, je peux aussi tranquillement prendre soin de mon corps.

**Liste des besoins pour vous inspirer (Liste non-exaustive)**

| **Besoins primordiaux :** | **Besoins relationnels :** |
|---|---|
| • Alimentation, hydratation<br>• Sommeil<br>• Repos<br>• Régénération<br>• Mouvement<br>• Se sentir en sécurité<br>• Chaleur, Lumière<br>• Oxygène<br>• Elimination<br>• Sexuel | • Communication<br>• Partage, échange<br>• De se sentir utile, entraide<br>• Connexion<br>• Solitude, se retrouver avec soi<br>• Etre indépendant, autonome<br>• Contact<br>• Ecoute<br>• Reconnaissance<br>• Soutient, respect<br>• Amitié, complicité |
| **Besoins divertissement :** | **Besoins du vivant :** |
| • S'amuser<br>• Se divertir<br>• Se faire plaisir<br>• Créativité<br>• Aventure<br>• Rire | • Amour, tendresse, douceur<br>• Réconfort<br>• Liberté<br>• Calme, paix<br>• Simplicité<br>• Bienveillance, compassion<br>• Intimité<br>• Propreté, confort, bien-être |
| **Besoins intellectuels :** | **Besoins spirituels :** |
| • Apprendre<br>• Découvrir<br>• S'informer<br>• Avoir des projets<br>• Progresser, évoluer | • Développer sa spiritualité<br>• Avoir la foi<br>• Transcendance<br>• Etre dans la gratitude<br>• Se réaliser<br>• Pratiquer sa religion<br>• Etre en accord avec ses croyances |

## NOTRE CAPACITÉ D'ADAPTATION

Pour nous aider à mieux nous écouter, à trouver notre équilibre sans dépasser nos capacités d'adaptation, en évitant tout surmenage (physique, émotionnel, et mental) ou un burn-out, nous pouvons tout simplement **observer** à condition d'avoir encore suffisamment d'énergie pour faire ce que nous voulons. Il serait intéressant de faire une pause pour nous régénérer.

Notre capacité d'adaptation, **c'est notre capacité à nous adapter à ce que nous vivons.** Nous pouvons aussi parler de notre niveau d'énergie. Cette capacité d'adaptation est liée à notre système nerveux central. Nous pouvons observer grâce au schéma de François Lemay, les zones où nous nous trouvons en stress adaptatif, et en mode régénération.

**Explication de l'échelle :**

- **Dans la zone 1,** nous sommes en sous-exploitation de nos capacités, engorgés et fatigués, envie de rien. Je dirais que c'est la phase de dépression qui peut aussi toucher les 2 niveaux au-dessus.
- **Dans les zones 2 et 3**, nous sommes dans une zone de stress adaptatif. Nous n'avons toujours pas très envie de bouger, de faire, de travailler. Nous sommes obligés de nous secouer pour faire le ménage, ou pour accomplir une autre tâche, d'où la zone de stress. Nous nous forçons **à faire.** Cela me fait penser à Homer Simpson sur son canapé en train de boire des bières toute la journée en regardant la télévision (rire).
- **Les zones 4, 5, 6** sont notre zone de confort, de sécurité. Nous sommes dans notre train-train quotidien sans trop se poser de question. Nous nous régénérons. Notre système nerveux est bien équilibré, pas de stress. Ici, nous pouvons intégrer ce que nous avons appris dans les zones 7 et 8.

- **Les zones 7 et 8** sont des zones de stress adaptatif, ce qui n'est pas une mauvaise chose en soi. Ce sont des zones d'apprentissage, de croissance et d'évolution. Nous pouvons nous retrouver dans cette zone, par exemple lorsque nous avons dû préparer un examen, ou sortir de notre zone de confort en parlant en public. Ces zones sont très enrichissantes pour notre évolution. La seule chose à laquelle il faut faire attention, c'est de ne pas dépasser notre capacité d'adaptation, en puisant des moments de régénération dans notre zone de confort. Zone, comme il est décrit ci-dessus, qui nous permettra d'intégrer ce que nous avons appris.
- **La zone 9,** c'est la fameuse zone de dépassement. Nous n'avons pas écouté notre corps, nous n'avons pas pris le temps de nous régénérer. Nous avons également pu vivre un choc émotionnel, un traumatisme (deuil, rupture, perte d'emploi, agression, problème de santé grave...). Notre système nerveux a secrété énormément d'hormones de stress. Nous nous retrouvons en surmenage physique, mental et/ou émotionnel. Nous sommes en saturation et épuisés. Nous finissons alors par faire un burn-out, par ressentir et nourrir de l'angoisse et/ou de l'anxiété généralisée. Dans cette phase de vie, **notre corps nous réclame du REPOS !** Et généralement, nous basculons automatiquement en zone 1, puis 2 et 3 avant de retrouver notre zone de confort. La difficulté dans la zone 9, c'est que nous sommes en saturation, nous n'avons plus d'énergie. Souvent, nous luttons contre, espérant impérativement retrouver notre « soi d'avant », au lieu d'accepter ce que nous vivons. Voici l'expérience que je fais en ce moment. Rien n'est ni bon ni mauvais, et cela aussi passera.

Grâce à mon ami et mentor, François Lemay, j'ai appris, compris et expérimenté la loi de l'homéostasie :

> *Tout être vivant, soumis à une période de stress, suivie d'une période de repos, revient naturellement à son état d'équilibre parfait, à travers une série de processus régulateurs.*
>
> — *FRANÇOIS LEMAY*

Il a tellement raison. Combien de fois, je me suis poussée dans le surmenage. A vouloir toujours plus. A faire toujours plus, sans prendre le temps de m'arrêter pour me régénérer. Comme une course contre la montre. Sans oublier les chocs post-traumatiques que j'ai vécus. Résultat des courses: burn-out, anxiété généralisée, angoisses et crises de panique. Je n'acceptais pas de vivre cette phase. Je me battais plus encore, toujours, utilisant le reste de mon énergie dans l'espoir de me retrouver comme avant : « normale », joyeuse et pleine d'énergie.

**La capacité adaptative de François Lemay**

Mais, maintenant que j'ai compris la loi de l'homéostasie, et l'échelle de la capacité d'adaptation, je fais beaucoup plus attention. Je sais très bien que je ne suis pas à l'abri d'un nouveau choc émotionnel. Là-dessus, je n'ai pas de pouvoir. En revanche, **j'ai le pouvoir de choisir de m'arrêter lorsque je me sens stressée pour me régénérer.** J'ai le pouvoir d'observer comment je me sens. Le pouvoir d'écouter mon corps pour éviter de dépasser ma capacité d'adaptation; et, de ce fait, me retrouver une fois de plus, dans la zone de danger avec tout ce que cela implique. Je ne dis donc pas que cela est facile. Cela dépend de tout à chacun, ainsi que de notre capacité de compréhension, de prise de conscience, et de nos croyances. Mais nous pouvons changer cela grâce au pouvoir de l'intention abordé dans le chapitre 12.

## C'EST DÉCIDÉ, J'ÉCOUTE MES BESOINS

Grâce à la loi de l'homéostasie, j'ai compris que **tout finit toujours par revenir en équilibre**, dans la nature comme dans la nature humaine. Ce qui me permet, lorsque je vois que je ne suis pas loin du rouge, et que je ressens des petits signes précurseurs de l'anxiété, de me rappeler que **cela aussi changera si je prends le temps de me reposer.** C'est l'image de l'arbre qui perd ses feuilles en automne et qui se repose en hiver. Il semble mort. Pourtant nous le voyons fleurir à nouveau au printemps pour retrouver sa vitalité et être radieux en été, sous les rayons du soleil.

Cela m'a permis aussi de retrouver **confiance en mon corps.** Celui-ci a cette capacité de régénération si je lui laisse l'opportunité de faire son travail. **Nous sommes une équipe.** C'est main dans la main que nous devons travailler... d'où l'importance de prendre le temps dans la journée d'observer ce que nous ressentons. Pour savoir dans quelle zone nous nous trouvons, et quel est notre besoin du moment.

En écoutant mes besoins et mon corps, je me sens plus en paix. J'ai plus de vitalité et une meilleure capacité d'évolution.

Ma zone de confort grandit.

Je gère mieux mes émotions et je me sens plus alignée, plus en équilibre dans ma vie.

Avant, je culpabilisais de prendre soin de moi. Aujourd'hui, avant même de prendre une décision, j'observe mon énergie.

Avec ma fille, j'ai eu tendance pendant longtemps, à faire passer ses besoins avant les miens. Je voulais m'assurer qu'elle ne manquait de rien. Je tenais à ce qu'elle se sente aimée. Il est certain que je l'aime de tout mon cœur, mais cela ne veut pas dire que je dois dépasser mes capacités pour combler ses besoins. Il en va de même pour toute personne qui nous est chère.

Par exemple, lorsque ma fille me demandait auparavant de manger une soupe chinoise le soir, en regardant un film avec elle, j'avais tendance à lui répondre par l'affirmative. Pourquoi? Tout simplement pour lui faire plaisir, mais sans être à l'écoute de ce que, moi, je ressentais. Pourtant, après une journée de travail, je me sens en saturation mentale. Mon cerveau a besoin d'une pause. Manger devant la télévision ne fait qu'accentuer sa saturation. Généralement, je deviens assez irritable. Je m'énerve alors pour pas grand-chose.

Aujourd'hui, pour la même demande, j'observe d'abord mon énergie et mon besoin du moment. Si je dois me reposer, alors je me repose. Je n'ai pas forcément partagé avec elle ce moment devant la télévision, mais je me sens suffisamment régénérée pour jouer avec elle à un jeu de société, tranquillement. Ainsi, finalement, nous avons pu passer ensemble un moment harmonieux, tout en restant à l'écoute de nos besoins.

Un autre beau bénéfice découlant du fait d'écouter nos besoins: **nos enfants nous imitent.**

Si notre enfant voit que nous sommes incapables de nous poser 2 secondes, s'il croit que nous acceptons toutes les demandes extérieures, alors, son inconscient va programmer la croyance qu'il doit performer tout le temps. Mais si vous lui montrez qu'on a aussi le droit de se poser, s'il comprend que cela est positif, tout en nous permettant d'être de meilleure humeur en gérant bien mieux notre vie, alors il intégrera, lui aussi, qu'il a le droit d'écouter ses besoins.

Préférez-vous que vos enfants deviennent des adultes stressés, qui courent dans tous les sens, culpabilisant de prendre des moments pour eux pour se régénérer,  ou des adultes qui écoutent leurs besoins, et qui vivent en harmonie avec eux-mêmes et leur entourage ?

## POINTS CLÉS DU CHAPITRE

- Ecouter ses besoins nous permet d'être plus en harmonie dans notre vie.
- Il est important d'être à l'écoute de notre capacité d'adaptation afin d'éviter de la dépasser, et de finir en zone de surmenage physique, mental et émotionnel.
- Si nous prenons le temps de nous régénérer, notre corps revient, par lui-même, dans un état d'équilibre parfait.
- Nous pouvons nous libérer de notre culpabilité, en nous rappelant qu'en prenant soin de nous, nous pouvons plus facilement prendre soin des autres.
- En étant à l'écoute de soi, nous apprenons à nos enfants à vivre plus en harmonie avec leur propre corps.

## EXERCICES

### 1) Nos besoins :

Comme indiqué dans ce chapitre, je vous invite, tous les jours, à prendre un instant dans la journée, ou lorsque vous sentez que vous êtes particulièrement tendus pour faire cet exercice :

- Prenez le temps de vous recentrer, et de respirer pour calmer votre mental, de ressentir votre corps,
- Puis observer voz émotions,
- Et demandez-vous quel est mon besoin du moment (vous pouvez vous aider de la liste des besoins),
- Puis, comment je peux satisfaire ce besoin,
- Et puis si vous pouvez, mettez en place une action pour le satisfaire dès que vous pourrez. Si vous ne pouvez pas le satisfaire sur le moment, programmez un moment où cela vous semble possible. Cela permettra aussi d'apaiser votre stress en attendant.
- Prenez le temps d'écrire dans votre cahier, votre besoin et comment vous avez pu le combler. Cela vous aidera par la suite, à trouver plus facilement comment combler votre besoin.

### 2) Notre capacité d'adaptation :

Je vous propose d'observer plusieurs fois dans la journée où vous vous trouvez sur l'échelle de la capacité d'adaptation, afin d'être plus à l'écoute de votre niveau d'énergie, et mieux vous adapter, comme l'exemple que je vous ai donné dans le chapitre.

A force de répétition, vous verrez, vous serez, de plus en plus facilement, à l'écoute de vos besoins, et vous régulerez plus facilement votre niveau d'énergie.

Posez-vous les questions suivantes :

- A cet instant, je suis dans quelle zone ?
- Quel est mon besoin du moment ?
- Ai-je assez d'énergie à donner ?

# 10

# DÉVELOPPER SA CAPACITÉ DE PRISE DE RECUL, PRENDRE DE LA HAUTEUR, S'ANCRER DANS LA RÉALITÉ

> *Nous sommes ce que nous pensons. Avec nos pensées, nous bâtissons notre monde.*
>
> — *BOUDDHA*

## LA CONSCIENCE QUE RIEN N'EST NI BON NI MAUVAIS

Rien n'est ni bon ni mauvais. C'est notre mental qui analyse et juge ce que nous vivons par rapport à nos propres croyances, notre propre programmation.

**Une même situation peut être vécue et interprétée de manière différente.**

Si nous prenons, par exemple : l'envie et le plaisir de marcher dans la forêt au printemps. Il se peut que cette activité soit vécue et appréciée différemment. Paul a remarqué que la forêt lui faisait beaucoup de bien. Il adore aller marcher et voir la nature s'éveiller alors que Julie est allergique au pollen. Elle a enregistré que se balader dans la forêt la rendait malade. Marie, elle, n'a pas de préférence. Elle va marcher seulement lorsque des amis lui proposent de l'accompagner.

Lorsque nous vivons une période d'angoisse, d'anxiété, de maladie ou autres, nous pouvons avoir tendance à mettre l'étiquette : « Catastrophe » qui induit des pensées du type : « C'est horrible ce que je suis en train de vivre. Et si cela ne s'arrêtait pas. Et si je ne m'en sortais pas. »

Cette étiquette va juste renforcer la douleur de ce que nous vivons. Nous allons créer une résistance, être dans la non-acceptation et souffrir plus encore.

Si nous mettons l'étiquette : « **Apprentissage », nous ouvrons un espace différent qui va nous permettre d'accueillir et d'accepter ce que nous vivons**, voire, nous libérer des causes de notre souffrance.

Lorsque j'ai fait mon burn-out, il y a quelques années, je n'avais pas encore conscience de tout cela. Je ne savais pas pourquoi mon corps déclenchait autant de sensations désagréables. Je pensais qu'il s'agissait des symptômes liés au Syndrome d'Ehlers-Danlos, et que j'allais passer ma vie alitée.

L'anxiété et l'angoisse devenaient de plus en plus fortes et intenses. Cela faisait 10 mois que je me battais pour m'en sortir jusqu'à l'épuisement, jusqu'aux pensées noires. Et là, j'ai dit : « Stop ! J'ai essayé de m'en sortir seule et sans traitement, mais je vois bien que j'ai besoin d'aide. » J'ai contacté mon médecin et j'ai demandé à me faire hospitaliser dans une maison de santé spécialisée dans les troubles dépressifs et anxieux. J'ai choisi celle dont le personnel soignant pratique **la thérapie cognitivo-comportementale. Je pense que cela fait partie des meilleurs outils pour nous aider à changer notre perception de ce que nous vivons, en changeant notre discours intérieur et notre rapport à la situation anxiogène.**

Les premiers jours, bien sûr, ont été très difficiles. J'étais épuisée. J'avais accepté de me faire hospitaliser loin de ma fille qui n'avait que 7 ans. J'avais un sentiment d'échec, d'impuissance, de honte, de culpabilité. Les premières étiquettes que j'ai posées sur l'expérience, ont été « souffrance » et « horrible ».

En réalité, cette maison de santé était plutôt bien. Presque chaque jour, nous avions des ateliers (sur la confiance en soi, apprendre à s'affirmer, etc.), des séances de groupes où j'ai pu observer que je n'étais pas seule dans cette situation, que cela pouvait arriver à tout le monde. Nous nous retrouvions pour faire du sport, de la marche, des activités comme le théâtre, et aussi beaucoup de temps libre pour nous reposer. La psychiatre prenait de nos nouvelles chaque matin. Elle m'avait prescrit un antidépresseur pour la recapture de la sérotonine à faible dose, avec un anxiolytique, le temps que l'antidépresseur fasse effet. Même si dans un premier temps j'étais contre leur usage, ils m'ont aidée à m'en sortir. Un psychiatre m'a dit un jour : « **Il ne faut ni diaboliser ni penser que ces traitements sont magiques** ! » Avant, j'avais plutôt tendance à les diaboliser, et finalement, ils m'ont été d'une grande aide. Ce qui ne veut pas dire non plus qu'il faut se reposer dessus. Ce n'est qu'une béquille qui permet de rééquilibrer la chimie du système nerveux, afin de nous sentir mieux mentalement et d'y voir plus clair. Comme je l'ai déjà dit, il est important, en parallèle, de travailler sur les causes de ce qu'il nous est arrivé pour nous libérer, apprendre à mieux nous connaître, à mieux gérer notre stress, à être à l'écoute de soi et de nos besoins, et trouver notre propre rythme de vie, parce que nous sommes tous différents.

Après quelques jours, **j'ai finalement décidé de poser l'étiquette: « Stage » sur mon hospitalisation.** Cela a complètement changé mon regard sur ce que je vivais. Cela m'a permis de libérer la honte que je ressentais, mais aussi, et surtout, de m'ouvrir à tout ce que le personnel soignant avait à me donner pour m'aider à m'en sortir. Dans cet état d'esprit, j'ai pu apprendre beaucoup, et m'en sortir plus rapidement. 4 semaines plus tard, je reprenais la route pour rentrer, avec comme seul traitement l'antidépresseur à faible dose que j'ai suivi un an. Quand j'y pense, cela me fait rire. Ma première crise d'angoisse a été sur l'autoroute. C'est un de mes déclencheurs les plus importants. Je n'avais pas roulé depuis 4 semaines, et j'avais 1h30 de route à faire. Je ne me suis pas posée de questions. C'était le jour de ma sortie, ma voiture était là. Je n'avais pas pensé à demander à quelqu'un de venir me récupérer, alors j'ai roulé. Les 10 premières minutes, j'ai rapidement ressenti mes jambes se ramollir, des palpitations, des fourmillements, une oppression thoracique. Mais je me suis rappelée que ce n'était que de l'angoisse liée à une mémoire passée. Le soleil brillait en ce mois de janvier. C'était tellement agréable. J'ai changé mes pensées et je me suis concentrée sur le bonheur d'être libre et de revivre enfin. Les symptômes ont diminué jusqu'à disparaître, laissant place à la fierté d'avoir réussi à dépasser mes peurs.

## ARRÊTER DE SE JUGER ET DE JUGER LES AUTRES

J'ai porté beaucoup trop d'étiquettes : haut potentiel, hypersensible, anxieuse, etc. Mais suis-je tout cela? Certains me définissent par bien des aspects. Cela signifie-t-il que je ne suis que « ça » ? Je ne crois pas.

Se reconnaître dans un type de personnalité, c'est intéressant dans un premier temps. On se sent reconnu, compris, mais on peut très vite être limité en utilisant cette croyance comme une réalité. Oui, j'ai sûrement des aspects de certaines de ces définitions, mais je ne suis pas cela. Je suis bien plus que cela, et j'ai ma propre manière de fonctionner. Et pour vous, il en est de même.

Il y a des jours où je me traîne, je me trouve fainéante. Je reste en jogging toute la journée. J'ai l'impression de ne rien faire de constructif.

D'autres jours, je m'habille « classe », je me maquille, je me sens bien, je m'aime et je me sens aimée, je m'émerveille facilement.

Je peux également être en « jean tee-shirt », en mode action, c'est à dire prête à tout nettoyer dans la maison.

Est-ce que chacun de ces états me définit ? Non ! Ils définissent l'expérience que je vis sur le moment. Je suis tout ça ! J'expérimente la tristesse, la colère, l'anxiété, la joie, l'amour, mais aussi mon côté clown, mon côté sérieuse, entrepreneuse et motivée, mon côté « pas à la hauteur » et celui qui pourrait déplacer des montagnes, mon côté fainéante en cuisine et celui qui est capable de cuisiner de bons repas, celui où je m'aime et celui où je ne m'aime pas, tout et son contraire.

Cela montre bien que je ne suis ni l'un ni l'autre en soi. **Il s'agit seulement de mon état d'esprit du moment.** Alors se coller l'étiquette incapable, peureuse, nulle, moche, et autres qualificatifs dévalorisants, est-ce bien utile ? Est-ce que ces pensées sur moi m'aident à avancer ? Je ne pense pas. Je dirais plutôt que cela vire à l'auto-sabotage. Mais c'est ok ! Voici l'expérience que je fais en ce moment. Je prends du recul. J'ai le droit de vivre ça, tout en prenant conscience que cela ne me définit pas. Je n'ai pas d'étiquette collée sur mon front. Je peux aussi faire autrement et/ou apprendre à faire autrement, pour avancer vers ce que j'ai envie de vivre. Et il en va de même pour les autres et les événements que nous vivons.

## L'ÉQUANIMITÉ CHEZ LES BOUDDHISTES

L'équanimité, c'est justement, **être dans un état de paix intérieure où la conscience n'est plus perturbée par les mouvements du mental.**

Il s'agit de le calmer en essayant de se détacher des éléments extérieurs qui provoquent des réactions mentales.

J'ai trouvé très intéressante et facile à comprendre, la vidéo de Frédéric Burri sur Youtube, qui évoque une **réaction en 4 étapes par rapport à une situation que nous vivons.**

Dans un premier temps, nous prenons simplement conscience de l'événement, dans une conscience pure, sans jugement de valeur, sans étiquette, ni bonne ni mauvaise.

Puis, dans un deuxième temps, le mental vient analyser et interpréter ce que nous vivons selon sa perception, ses croyances, sa programmation. Il va juger si l'expérience est bonne ou mauvaise, agréable ou désagréable, positive ou négative.

Dans la troisième étape, la perception se situe au niveau corporel, au niveau des sensations. Si l'expérience est interprétée comme agréable, nous ressentons des sensations agréables. Si elle est perçue comme désagréable, nous ressentons des sensations désagréables.

Et c'est dans la quatrième étape, que nous réagissons à la sensation ressentie, ce qui va déclencher des émotions.

Lorsque nous travaillons sur l'équanimité en méditation, **nous nous entraînons à ressentir notre corps sans mettre d'étiquette**, sans jugement, en toute neutralité. Nous apprenons à ne pas réagir à la sensation, qu'elle soit agréable ou désagréable. **Elle est**, tout simplement.

Au fur et à mesure de notre entraînement, nous pouvons percevoir des sensations jusque-là encore inconscientes, et nous pouvons ainsi **libérer nos mémoires physiques du passé.**

Par exemple, si vous avez tendance à faire de l'hypocondrie. A chaque fois que vous ressentez une douleur dans votre corps, vous allez réagir, être anxieux(ses). Vous interprétez la douleur comme étant un signal d'alarme grave. Il pourrait vous arriver quelque chose.

Mais si vous entraînez votre mental à observer ses sensations, en toute équanimité, c'est-à-dire, sans jugement, sans attachement à ce que vous vivez, sans vous identifier, en laissant être, en toute neutralité, petit à petit, vous allez libérer cette mémoire. Ainsi, lorsque dans votre quotidien, vous ressentez une douleur, vous n'êtes plus réactif, (ce qui ne veut pas dire que vous ne mettez pas d'action en place si besoin). Mais vous ne paniquez pas à l'idée de ressentir cette douleur.

Bouddha nous explique que **la cause de nos souffrances, c'est notre mental.** Nous pouvons l'appeler aussi ego. Cet attachement que nous avons à notre image, notre personnalité, à ce que nous avons, à ce que nous vivons.

Cela ne veut pas dire que nous n'allons plus rien ressentir, mais nous nous détachons de la souffrance que l'égo peut nous faire vivre. Nous accueillons, au contraire, pleinement ce que nous ressentons en toute équanimité, dans la conscience pure de ce qui est.

Pour nous aider à trouver l'équanimité, nous pouvons nous entraîner:

- À arrêter de se juger et de juger les autres,
- Se détacher de ce que les choses devraient être,
- Se rappeler que nous avons tous des croyances et que nous détenons pas la vérité,
- À arrêter de se juger meilleur que les autres mais d'accepter la vulnérabilité de chacun.

## BIEN S'ANCRER GRÂCE À NOTRE CORPS

Pour nous aider à prendre de la distance sur nos pensées, nos croyances et nos émotions, nous pouvons aussi utiliser l'ancrage.

C'est une bonne technique pour prendre du recul sur ce que nous vivons. **Etre ancré, c'est être dans le corps, dans la réalité sans filtre, ici et maintenant, dans l'instant présent.** Cela nous permet de développer une force face aux intempéries de notre vie. Nous pouvons appeler cela aussi, s'enraciner dans la terre. Sentez cette notion de force intérieure.

Grâce à l'ancrage, nous avons moins de pensées négatives. Nous pouvons avoir davantage confiance en soi et en la vie.

> “ *Etre ancré, c'est être dans le corps, dans la réalité sans filtre, ici et maintenant, dans l'instant présent.*

Nous ressentons moins d'angoisse, nous dormons mieux la nuit, nous gagnons en énergie, et nous sommes tout simplement plus sereins(es) dans notre quotidien.

L'ancrage peut être entraîné grâce à la méditation, mais pas seulement. Toute activité qui nous ramène au corps nous permet d'être plus présent(e)s.

**Liste d'activités qui nous permettent d'être plus ancré(e)s dans l'instant présent :**

- Les activités douces : le yoga, le taï-chi, le Qi Gong, la méditation, la sophrologie, la pleine conscience.
- Les activités artistiques : la peinture, le dessin, la danse, le chant, la musique.
- Les activités qui prennent soin du corps : les massages, les étirements, la cuisine saine.
- Les activités sportives.
- Les activités dans la nature : la marche en forêt, à la campagne, à la montagne, la course à pied, le jardinage, se baigner dans la mer.

Ceci n'est qu'une liste non exhaustive des activités possibles pour vous donner une idée.

Dès que votre activité mentale s'emballe un peu trop, je vous conseille de sortir vous balader en forêt, faire des étirements, jardiner, danser, chanter, rire un bon coup ou jouer de la musique, par exemple.

Et maintenant, que vous avez tous les outils nécessaires pour calmer votre mental et reprendre la maîtrise de vos émotions, en étant plus conscient de vous-même, je vous divulgue comment être plus en harmonie dans votre vie, et créer celle que vous souhaitez.

Que du positif à venir.

## POINTS CLÉS DU CHAPITRE

- Rien n'est ni bon ni mauvais. Une même situation peut être vécue et interprétée de manière différente.

- L'étiquette que nous allons mettre sur ce que nous vivons va changer ma relation avec l'expérience.

- Mettre une étiquette sur qui nous sommes nous met dans un cadre et nous limite dans notre potentialité.

- L'équanimité, c'est être dans un état de paix intérieure où la conscience n'est plus perturbée par les mouvements du mental.

- Lorsque nous faisons de la méditation sur l'équanimité, nous pouvons développer notre capacité à être dans une conscience pure, qui ne juge pas, et libérer nos mémoires corporelles du passé qui nous font réagir.

- L'ancrage est une technique qui nous permet d'être plus présent(e)s, ici et maintenant, dans la réalité, plus solide face aux intempéries de notre vie.

## EXERCICES

1) L'ancrage:

**RESSOURCE SUPPLÉMENTAIRE (voir QR Code en début de livre) :** Exercice d'ancrage en sophrologie.

2) L'écriture peut aussi aider à mieux se connaître. Déposer sur un papier, un journal, ce que nous ressentons, nos pensées, notre discours intérieur permet d'extérioriser nos sentiments, mais aussi de prendre du recul sur ce que nous vivons.

3) Prendre la décision chaque matin, de revenir à sa respiration lorsque nous prenons conscience que nous sommes en train de nous juger, de juger l'autre, ou une situation.

4) Stop auto-sabotage :

**RESSOURCE SUPPLÉMENTAIRE (voir QR Code en début de livre) :** Méditation guidée: Se libérer de son critique intérieur. (Méditation enregistrée lors d'une des séances de groupe.).

# PARTIE III

# ÊTRE EN HARMONIE AVEC LA VIE

# 11

# ACCUEILLIR / ACCEPTER LES EXPÉRIENCES ET AVOIR FOI EN LA VIE

> *L'anxiété est simplement un petit enfant qui est arrivé dans ton espace. Elle n'est pas venue te détruire, ou te blesser, mais pour t'éveiller à l'amour. Elle ne veut qu'être reconnue, embrassée, être autorisée à être là dans l'immensité du moment… Permets à toutes ces pensées d'être ici avec toi, à tous ces sons, à tous ces sentiments, à toutes ces envies. Permets même à tes sentiments de non-acceptation, à ton envie d'échapper à ce moment, d'être là.*
>
> — *JEFF FOSTER*

## QUAND LA CRISE DE PANIQUE ARRIVE

Au moment où j'écris ce passage du livre "Se reposer" de Jeff Foster, je sens les émotions monter en moi, timidement, mais elles sont bien là.

Ma gorge se serre, mes yeux s'humidifient… Envie de pleurer.

Ces émotions me rappellent la période au cours de laquelle j'accueillais le mieux possible mes crises de panique qui me réveillaient au beau milieu de la nuit. Je me souviens de ces sensations de brûlure intense dans mes bras, mes jambes, mon visage. De mon cœur qui s'accélérait tout comme mes pensées.

- « Qu'est-ce qui se passe ? Qu'est-ce qui m'arrive ? Je n'en peux plus de souffrir ! Je veux que ça s'arrête ! Que dois-je faire ??? »

Je savais ce que je devais faire, mais cela ne m'empêchait pas de me laisser emporter par mes pensées, et puis...

- « Bon ok, c'est de nouveau là ! Tu vas y arriver ! Ne pas alimenter le monstre ! Respire ! Calme-toi et accueille ! Observe simplement ce que tu ressens mais sans juger, sans en avoir peur. Laisse les sensations être ! »

Alors, allongée sur le lit, bras et jambes écartés formant une croix, je respire... J'inspire... Et expire... J'accepte de tout mon être ce que je vis dans mon corps. Je l'autorise à décharger, à libérer ce qu'il a besoin d'évacuer pour trouver à nouveau l'équilibre. La loi de l'homéostasie. Tout revient toujours en équilibre dans la nature, comme dans la nature humaine, et ce, même si nous percevons ce moment douloureux et désagréable. Rappelle-toi : **"Ce à quoi tu résistes, persiste !**

J'apprends à accepter ces moments qui font aussi partie de la vie. Oui, à 3 h du matin, je l'accueille et je l'accepte. Je patiente jusqu'à me rendormir, enfin. Dans cet état d'esprit, c'est parfait, cela fonctionne. Je ne nourris pas le monstre. Il se calme de lui-même. 10 minutes plus tard, je me rendors.

Mais à 6h du matin les amis, la crise me réveille une nouvelle fois. Je me sens épuisée, je lutte et je désespère. Je cours après une solution.

• Quel livre dois-je lire ? « *Se reposer* »pour m'aider à accueillir encore ? « *Espoir* » pour changer mon attention sur la joie par exemple? Est-ce que je dois regarder une vidéo ? Faire une méditation peut-être? Ou une séance d'hypnose sur Youtube ?!!!

Et **en courant après une solution pour me sauver, je renforce finalement l'idée que je suis en danger.** Mon système entend l'information et veut me sauver en m'envoyant toujours plus d'hormones de stress.

Lutter, se battre, fuir, éviter sont des mécanismes de survie naturellement ancrés en nous. Quand nous luttons ou essayons de fuir, c'est un **réflexe instinctif.** Nous n'avons pas à nous blâmer pour cela. Nous faisons chaque jour et à chaque instant du mieux que nous pouvons. Oui, nous sommes vulnérables ! Nous sommes humains !

Je suis vulnérable et humaine, même si à mon sens, la vulnérabilité était autrefois un signe de faiblesse. Aujourd'hui, je l'accueille avec douceur et bienveillance. Non, je ne suis pas superwoman. Je ne suis pas non plus parfaite mais peut-être suis-je bien plus que ça !!! Je suis humaine. Et peut-être que toutes ces expériences ont été parfaites tant pour m'ouvrir à toujours plus d'amour pour la vie que pour les autres.

> *Ce à quoi tu résistes, persiste !*
>
> — *FRANÇOIS LEMAY*

Je vous avouerai que je suis vraiment contente d'avoir appris à pratiquer la méditation, le yin yoga et la sophrologie. Ces techniques m'ont permis de développer cette capacité d'accueil et d'acceptation même dans la tempête. Bien sûr, je vous conseillerai de commencer à vous entraîner sans attendre que les chutes du Niagara vous tombent dessus. Il est plus difficile d'apprendre à naviguer en pleine tempête que par eau calme.

## COMMENT ACCUEILLIR

Accueillir ce que nous ressentons nous demande de devenir l'observateur(trice) de ce que nous vivons.

Bonne nouvelle, nous avons déjà commencé à travailler sur ce point dans le chapitre 10.

Il s'agit de laisser être, sans lutter, dans la conscience que cela aussi changera.

Observer ce qui se passe en nous sans jugement. Ce n'est ni facile, ni difficile. **Parfois, il vous suffit d'un "tilt" pour lâcher le contrôle et s'autoriser à être avec ce qui est.**

Je vous disais que la situation qui déclenche chez moi le plus d'angoisse, c'est lorsque je conduis. Je ressens dès lors des impressions désagréables, des palpitations, des faiblesses musculaires, et même une baisse de l'acuité visuelle comme si j'allais m'évanouir.

Grâce au livre : « *Comment contrôler les crises d'anxiété et de panique » de Ronna Browning*, j'ai appris à vivre ces sensations différemment.

Je sais que lorsque je monte en voiture, mon cerveau a enregistré:

« Attention danger ! ». Très rapidement, mon amygdale signale à mon système nerveux que j'ai besoin d'hormones de stress et d'énergie pour survivre à la situation alors qu'en réalité, tout va bien. Les symptômes apparaissent. En ajoutant des pensées anxiogènes, je vais renforcer la croyance que je suis en danger. Et la sécrétion d'hormones de stress va amplifier ces sensations que je ne supporte pas. Je sais aussi que lorsque je vis de l'angoisse, **ces hormones font un pic de sécrétion, se stabilisent et s'éliminent.**

Par conséquent, lorsque je monte en voiture, j'évite dans un premier temps de commenter ce que je ressens si, pour une raison ou une autre, je ressens des sensations physiques désagréables, peut-être plus stressée ou fatiguée que d'habitude. Juste: j'observe. J'accueille. Je m'autorise à ressentir, sans jugement, ni bon ni mauvais, ni agréable ni désagréable.

**J'ACCEPTE**

Le fait d'accueillir me permet de mettre mon attention sur les sensations, mais **sans bavardage mental.** Au lieu de s'agiter dans tous les sens, ce dernier va au contraire se calmer. Ainsi, dans un deuxième temps, j'ai plus d'espace pour accepter la situation et lui permettre d'être. Voici l'expérience que je fais en ce moment, sans vouloir la changer, mais en ayant conscience que, finalement, cela aussi changera. **Tout passe toujours !**

Dans cet état d'esprit, vous aidez votre cerveau à arrêter de croire que ces sensations physiques sont dangereuses tout en désamorçant votre amygdale qui deviendra de moins en moins réactive jusqu'à ne plus l'être du tout.

Et puis finalement, je change ma perception grâce à mes connaissances mais aussi au travail accompli avec la thérapie cognitivo-comportementale. Je me répète des phrases positives et réalistes.

**« Je suis en mode survie. Cela veut dire que mon système fait le maximum pour m'aider. Tout mon corps et ma tête sont prêts à réagir en cas de problème. J'ai une super énergie. Je suis certainement l'une des personnes les plus vigilantes sur la route en ce moment. »**

Bon ok, je vous avoue aussi ma pensée préférée : « **Je suis une superwoman de la conduite. Je suis la meilleure conductrice du monde.** » Je ris en écrivant ces mots, mais il faut dire que ces pensées marchent bien.

Et puis... Wow... Quel bonheur ! Le calme plat dans mon corps. Mes pensées vagabondent ici et là. Je suis de nouveau en mode conduite automatique, sans pensées anxiogènes, ni sensations désagréables. Mon système a compris que tout va bien.

Ce monstre, dont je vous parlais au début du livre, est en fait **un ami que nous devons embrasser, accueillir.** Il veut notre bien. Il faut l'autoriser à nous accompagner dans notre quotidien sans lui accorder plus d'attention qu'il n'en faut, sans aller vérifier s'il est là, ou encore là.

Il est complètement contre-productif de vérifier sans cesse si les sensations sont là. En effet, cela envoie l'information que nous pouvons être potentiellement en danger et notre système de survie se réactive.

Si je remarque qu'elle est là, alors je l'accueille, je lui donne la main, je lui souhaite la bienvenue. Dans tous les cas, je continue ma vie avec ou sans elle. Ainsi, au fur et à mesure, nous pouvons désamorcer notre système de survie afin qu'il ne s'active qu'en cas de vrai danger.

> *Lorsque vous acceptez ce que vous ressentez, acceptez les « symptômes », les pensées ou tout ce qui en découle, vous donnez plus de pouvoir à la stratégie en place de ne pas résister.*
>
> *Il y a encore de l'anxiété en vous, mais vous devez la dissiper en acceptant qu'elle soit là. [...]*
>
> *N'essayez pas de bloquer votre anxiété, n'essayez pas d'y échapper, car aussi fort que vous la bloquez, c'est à ce point qu'elle vous attaquera. Aussi vite vous vous enfuyez, aussi vite elle vous courra après. [...] ACCEPTER. Avancez avec elle à son propre rythme, jusqu'à ce qu'elle ne soit pas importante. [...]*
>
> *Une bonne façon d'entraîner votre cerveau à l'acceptation est de répéter des phrases comme celles-ci :*
>
> ***« J'accepte et je permet mon anxiété. J'accepte qu'elle soit là. Je la laisse faire. »***
>
> *Lorsque vous l'acceptez, la lutte interne entre vous et elle s'arrête et votre système nerveux a une chance de se détendre.*
>
> — « COMMENT CONTRÔLER LES CRISES D'ANXIÉTÉ ET DE PANIQUE » DE RONNA BROWNING

## AVOIR FOI EN LA VIE

> *Avoir la foi c'est laisser l'univers mettre les choses en place, les laisser venir à vous... Prendre soin de sa foi, c'est prendre soin de soi.*

> *Pour arriver à ce chemin, vous avez besoin de la foi. Être convaincu que vous allez y arriver, être convaincu que ceci est possible. Être convaincu que votre rêve le plus fou est réalisable. Être convaincu que vous avez les capacités pour l'atteindre. C'est pourquoi vous avez à maîtriser vos pensées, vos visions, votre mental. Vous avez à devenir un maître de votre tête pour vous en libérer et suivre votre cœur... Laissez-vous guider. Viendront à vous les bonnes personnes, les bonnes expériences pour vous faire cheminer en conscience et arriver à vous libérer suffisamment pour être dans votre plein potentiel. N'oubliez pas la foi.*
>
> — « ESPOIR », D'AURORE ROEGIERS

Quelques années plus tard, alors que j'avais intégré ce concept d'accueillir et d'accepter ce que je vivais, c'est avoir foi en la vie qui m'a paru être une évidence.

Un matin, après m'être levée tôt pour conduire ma fille au collège, sur le retour, ces sensations de fatigue, de troubles visuels et de faiblesses musculaires ont refait surface. Cela m'a d'abord surprise. J'ai pu observer avec quelle rapidité mes peurs du passé pouvaient revenir. Ce matin-là, j'ai fait un nouveau pas. J'ai changé ma vision des choses. Certes, je pouvais perdre le contrôle de ma voiture, mais je me suis dit que j'avais toutes les capacités nécessaires pour conduire. Il n'y avait aucune raison qu'un accident m'arrive. Dès lors, j'ai décidé qu'à partir de maintenant, j'aurais foi en la vie.

L'anxiété a aussitôt disparu pour faire place à plus de légèreté. Pourquoi devrait-il m'arriver quelque chose ? Ce n'est qu'un mécanisme de mes pensées que j'ai nourri les années passées. En réalité, la vie ne me veut aucun mal. En réalité, dans cet instant, tout va bien.

**La vie ne met sur notre chemin que des obstacles qu'on est capable de dépasser.**

Nous pouvons créer tout ce que nous voulons dans notre vie. Si nous percevons celle-ci dans la peur, alors nous créons la peur. Mais si nous nous laissons porter avec confiance, dans l'accueil, sans jugement et avec la foi, nous pouvons créer une vie beaucoup plus douce et agréable. Dans les enseignements bouddhistes, nous apprenons que le samsâra, ou pourrions-nous dire l'enfer, se vit déjà sur terre. C'est nous-mêmes, par nos croyances et nos pensées, qui créons l'enfer et le paradis dans notre vie.

Quand on a tendance à être anxieux(se), nous cherchons à contrôler tout ce que nous vivons. Cela crée de la tension intérieure, une résistance. C'est comme si j'étais sur le cours d'eau d'une rivière. Au lieu de me laisser porter par le courant, je m'accrochais de toutes mes forces à une branche. Je suis dans la résistance et j'utilise beaucoup d'énergie pour cela. Une énergie que je pourrais utiliser pour avancer vers ce que j'ai vraiment envie de vivre. Avoir foi en la vie, c'est lâcher prise avec confiance. C'est lâcher la branche et nager avec le courant de la rivière.

C'est avoir confiance que le meilleur est à venir... avoir conscience d'être en sécurité.

Les trois derniers chapitres vont vous aider à cela. Vous y trouverez des outils et des connaissances pour vous permettre non seulement de mettre votre attention sur ce que vous souhaitez créer dans votre vie, mais aussi de reprendre la maîtrise de vos pensées pour reprogrammer votre mental vers une vie plus légère et plus agréable.

Nous avons les capacités de changer notre vie. Un pas après l'autre.

Et si certains jours, vous avez l'impression de reculer, rappelez-vous que tout ce que vous avez appris est bien présent dans votre inconscient. Nous ne revenons jamais au point zéro. Courage et persévérance. Vous allez y arriver.

“ *Enfer ou Paradis, j'en suis le créateur.*

## POINTS CLÉS DU CHAPITRE

- Lutter, se battre, fuir et éviter sont des mécanismes de survie instinctifs. Nous n'avons pas à nous blâmer pour cela. En courant vers une solution pour se sauver de notre anxiété, nous renforçons finalement l'idée que nous sommes en danger.

- Accueillir ce que nous ressentons demande de devenir l'observateur(trice) de ce que nous vivons.

- Observer ce qui se passe en nous sans jugement, en ayant conscience que cela aussi changera.

- Accueillir me permet de créer plus d'espace pour accepter la situation.

- Ce monstre est en réalité un ami qui veut notre bien. Il est là pour nous protéger.

- Sans cesse vérifier que l'anxiété est là est contre-productif. Cela envoie le message que nous sommes potentiellement en danger.

- Accueillir me permet de désamorcer l'amygdale.

- Je suis le créateur de ma vie.

## EXERCICES

1)_**RESSOURCE SUPPLÉMENTAIRE (voir QR Code en début de livre) :** Exercice pour développer votre capacité à accueillir et accepter ce que vous vivez.

2) **RESSOURCE SUPPLÉMENTAIRE (voir QR Code en début de livre) :** Méditation guidée: Accueillir ce qui est

# 12

# INTENTION - ATTENTION – CONCENTRATION

> *Là où je mets mon attention, mon énergie va !*
>
> — *FRANÇOIS LEMAY*

## LE POUVOIR DE L'INTENTION

Rappelez-vous, lorsque nous sommes en zone de stress adaptatif, à 7 ou 8, et que nous prenons le temps de revenir à notre zone de confort, nous intégrons ce que nous avons appris. **Nous pouvons ainsi étendre notre zone de confort.**

Si mon intention est de guérir ma peur d'aller au supermarché. Avant d'aller faire mes courses pendant 1 heure dans une grande surface, je vais d'abord me fixer comme intention de passer 10 minutes dans un petit magasin. Puis, je reviens dans ma zone de confort. Je pourrais faire l'exercice plusieurs fois, jusqu'à ce que celui-ci soit intégré, et que je puisse me sentir à l'aise de passer 10 minutes dans un petit magasin.

L'exercice se fait palier par palier. A nous d'observer ce que nous pensons être capable de faire. Après avoir passé 10 minutes dans un petit magasin, nous pouvons décider de prendre 30 minutes et de faire plusieurs petits magasins, jusqu'à retrouver notre zone de confort en faisant nos courses pendant 1 heure dans une grande surface.

**L'intention est le premier pas pour réaliser ce que nous souhaitons.** Par exemple, nous avons l'habitude de dire, j'ai l'intention d'acheter cette robe pour Noël, j'ai l'intention de décorer la maison, j'ai l'intention de faire un jardin au printemps, de construire une piscine, ou encore, j'ai la ferme intention d'arrêter de me mettre en colère tout le temps.

**L'intention, c'est notre objectif, ce que nous voulons atteindre, notre pourquoi nous mettons quelque chose en place.** Mais attention, il ne s'agit pas d'être flou, sans réelle motivation. Si nous souhaitons changer quelque chose dans notre vie, c'est avec une ferme intention. L'intention est renforcée par le sentiment d'y arriver, de ressentir profondément ce que nous voulons.

Dans le chapitre 8, j'écris : « **Tant que nous faisons les mêmes actions**, tant que nous laissons notre «cheval» de l'inconscient prendre le même chemin selon nos croyances, notre programmation, **nous obtiendrons les mêmes résultats.** »

Maintenant, que vous avez pris conscience de ce chemin qui vous fait souffrir, vous souhaitez prendre une nouvelle direction, et vous vous demandez peut-être comment. Le premier pas va être déjà de définir quelle direction vous souhaitez prendre. Que souhaitez-vous atteindre ? Par exemple, je souhaite être à l'aise en société ; Je souhaite être en paix avec moi-même ; Je souhaite être plus calme et me sentir bien.

Une fois, le but posé, vous allez réfléchir comment l'atteindre. Quel est le plus petit pas possible que vous pouvez faire pour avancer sur ce chemin. Cela peut-être, par exemple:

**« Aujourd'hui, j'ai la ferme intention de prendre le temps pour faire mes exercices de cohérence cardiaque pour m'aider à mieux gérer mes émotions.**

**Aujourd'hui, j'ai la ferme intention de prendre de la distance sur mes pensées et sur mes émotions.**

**Aujourd'hui, j'ai la ferme intention de prendre de la distance sur les émotions des autres.**

**Aujourd'hui, j'ai la ferme intention de passer 10 minutes dans le petit magasin de vêtements près de chez moi, et d'accueillir mes sensations.**

**Aujourd'hui, j'ai la ferme intention de rouler jusqu'au prochain village. »**

Cette intention que vous posez, vous devez la ressentir comme si vous l'aviez déjà. Les deux carottes du cheval sont le pourquoi vous souhaitez changer, et l'émotion, le ressenti. Plus votre émotion est forte, plus votre inconscient enregistre l'expérience. Et comme il ne fait pas la différence entre le rêve et la réalité, si vous posez une intention ferme de ce que vous voulez, et que vous le ressentez profondément, votre inconscient notera la commande, et vous aidera à porter votre attention sur votre objectif.

## LE POUVOIR DE L'ATTENTION

L'attention, c'est là où nous mettons notre regard. Imaginez que vous soyez devant une grande fenêtre panoramique. Derrière, cette fenêtre un magnifique paysage. Imaginez une plage au sable fin, des palmiers, l'océan à perte de vue, le ciel bleu azur, des dauphins qui jouent au loin, des mouettes et le soleil qui étincelle dans l'eau. Tout est parfaitement comme vous aimez. Vous vous sentez bien.

Et là, une mouche vient de s'écraser sur votre fenêtre. Et vous, vous ne regardez plus que la mouche, comme si le beau paysage avait presque disparu. Vous mettez toute votre attention sur cette mouche qui est venue gâcher la vue. Et plus vous vous concentrez sur elle, et plus elle grossit et prend de la place. C'est ce que nous avons tendance à faire lorsque un problème, un souci, un obstacle se trouve sur notre chemin. Nous allons mettre particulièrement toute notre attention sur le problème. Cette mouche nous dérange. Elle n'a rien à faire là. Nous allons utiliser toute notre énergie pour lutter, trouver une solution, quitte à oublier tout le reste. Le problème en soi n'est pas de chercher une solution. Le problème, c'est lorsque ce souci se transforme en rumination, en anxiété, jusqu'à nous sortir de la réalité, et nous épuiser physiquement et mentalement.

> *Là où ton attention va, ton énergie va !*

Si vous passez toute la journée à mettre votre attention sur la mouche, vous verrez principalement la mouche. Et vous programmez votre inconscient à continuer à regarder les mouches, les difficultés qui passent dans votre vie. Par contre, si vous apprenez à prendre du recul, comme nous l'avons vu dans le chapitre 10, vous serez moins affectés par la présence de la mouche, ou du problème que vous vivez dans l'instant. En voyant le problème dans sa globalité avec moins de charges émotionnelles, vous aurez plus de capacité à accueillir et à accepter, puis à mettre des solutions en place. Et puis si vous vous entraînez finalement à mettre votre attention sur le beau paysage, sur le dauphin qui rit joyeusement au loin, vous aurez plus de facilité à vous sentir bien, et à créer une vie harmonieuse. Bien sûr, je ne vous demande pas d'ignorer les soucis. Il ne s'agit pas de les balayer sous le tapis. Je vous propose de prendre conscience qu'il n'y a pas que le stress, l'anxiété et les problèmes. Il y a aussi des moments de bonheur.

Peut-être, vous vous êtes sentis bien lorsqu'un de vos proches vous a pris dans ses bras, ou lorsque vous avez joué avec vos enfants, ou rit avec vos amis, ou au contraire, vous avez apprécié le calme dans votre maison, ou la promenade que vous avez fait dans la forêt.

Alors sur quoi préférez-vous porter votre attention ?

La mouche ou le dauphin ?

Préférez-vous colorer votre vie du noir angoissant de la mouche ou du rire joyeux du dauphin ?

## LE POUVOIR DE LA CONCENTRATION

Vous l'aurez compris, le pouvoir de l'attention est le deuxième pas. Vous avez d'abord, posez votre ferme intention sur ce que vous souhaitez vivre et ressentir, afin d'amener votre attention et votre énergie sur cela. Maintenant, il va s'agir de mettre particulièrement votre focus dessus. C'est la partie, plus précisément, qui demande de travailler avec persévérance.

C'est à ce niveau-là, que nous reprogrammons notre ego.

Pour revenir un peu sur notre cheval, notre inconscient, prend toujours le même chemin par habitude, par rapport à ses croyances et les schémas qu'il a enregistrés par le passé. Mais nous, nous souhaitons changer cela. Nous avons posé un but, par exemple d'être plus à l'aise en public. Chaque matin, nous avons posé la ferme intention de nous détacher du regard des autres, et de prendre du recul sur nos pensées qui nous font croire que nous ne sommes pas à la hauteur. Nous avons décidé de nous rappeler que seul le mental juge, pose des étiquettes, et interprète selon ses croyances, et que celles-ci ne sont pas **LA** réalité. Ainsi, dans la journée, nous avons plus de facilité à mettre notre attention sur ce que nous souhaitons ressentir, c'est-à-dire, pour rester dans l'exemple, se sentir à l'aise en public. Car à chaque fois que notre cheval a tendance à partir sur ses anciens chemins, vous avez pu, grâce au pouvoir de l'intention, observer ce que vous pensez, et ramenez votre attention sur ce que vous souhaitez. **Le dernier pas est de vous concentrer sur cela jusqu'à ce que cela devienne un nouveau chemin automatique pour votre cheval.**

Vous allez laisser passer les pensées et croyances qui vous limitent et vous enferment dans un schéma de souffrance, et vous concentrez sur les pensées et croyances que vous avez envie de voir émerger dans votre vie. A chaque fois que vous partez sur l'ancien chemin, vous ramenez votre focus sur ce que vous avez envie de créer dans votre vie. Vous pouvez même imaginer et ressentir profondément en vous, régulièrement dans la journée, la nouvelle personne que vous souhaitez être. Peut-être une personne qui a confiance en elle, qui a foi en la vie, qui est calme et lâche prise facilement.

**Qu'avez-vous envie de créer dans votre vie ? Qui avez-vous envie d'être ? Vous avez le pouvoir de tout changer dans votre vie. Que feriez-vous différemment si vous aviez confiance en vous, si vous étiez libéré de la peur ? Que ressentiriez-vous ?**

Tout ce que votre mental peut imaginer et croire, il peut le réaliser. Certains croient qu'ils peuvent, d'autres qu'ils ne peuvent pas. Ils ont tous raison. **C'est la pensée qui fait la différence.** Si vous pensez que vous allez réussir, alors vous réussirez.

Si vous en avez besoin, vous trouverez une formation en ligne sur mon site, ou il est aussi possible de faire un coaching individuel si vous préférez, pour définir plus facilement ensemble votre pourquoi et les petits pas que vous pouvez faire. C'est ainsi que nous avons pratiqué avec Julie. L'angoisse de faire une crise de panique à l'extérieur était devenue si forte, qu'elle ne sortait quasiment plus de sa chambre. Elle avait complètement perdu confiance en son corps et en ses capacités. Dans un premier temps, je lui ai demandé d'aller deux fois par semaine dans un magasin accompagné d'un proche, et d'observer ce qu'elle ressentait sans réagir. Puis, dans un deuxième temps, quand elle se sentait plus à l'aise, elle est sortie plus longtemps, puis toute seule. Et quelques mois, plus tard, elle a pu tranquillement aller faire la fête avec ses amis. En parallèle, je l'ai aussi aidé à changer sa programmation grâce à l'hypnose. Même si, je l'ai accompagné dans sa démarche de libération des angoisses, c'est elle qui a fait tout le travail. C'est elle qui a utilisé sa capacité émotionnelle et sa détermination pour y arriver. Cela, nous pouvons tous le faire. Si vous pensez que vous n'y arriverez pas, vous aurez raison, et contre cela, je ne peux pas lutter, mais si vous comprenez que vous avez en vous toutes les capacités. Qu'il va, juste, vous falloir de la volonté et de la persévérance, vous y arriverez. C'est bien pour cela que j'ai eu envie d'écrire ce livre, pour que vous ayez toutes les connaissances nécessaires pour comprendre que vous pouvez reprendre la maîtrise de vos pensées, de vos croyances et de vos émotions, et avec la pratique dépasser vos peurs pour enfin créer la vie que vous souhaitez.

> *Le plus difficile est de se décider à agir, le reste n'est que de la ténacité !*
>
> — *AMÉLIA EARHART*

## POINTS CLÉS DU CHAPITRE

- Définir et poser une intention chaque matin nous permet de reprendre plus facilement les rênes de notre cheval.
- L'intention nous aide à mettre notre attention sur ce que nous voulons.
- Un pas après l'autre, nous pouvons dépasser nos peurs.
- Plus nous nous concentrons sur notre objectif avec persévérance et bienveillance, plus nous pouvons créer ce que nous souhaitons.
- Nous pouvons reprogrammer notre inconscient à force de répétition.
- C'est notre pensée qui fait toute la différence. Si vous pensez ne pas y arriver, vous aurez raison, si vous pensez que vous pouvez le faire, vous aurez aussi raison.

## EXERCICES

1) Vous libérez d'une angoisse, de l'anxiété :

Dans votre cahier, ou sur une feuille,

- Faites une liste des peurs, ou des angoisses que vous avez actuellement. Notez l'intensité de votre peur entre 0 et 10, 0 vous ne ressentez pas de peur, 10 la peur est maximale. Puis, choisissez celle qui vous paraît la plus accessible, celle dont le chiffre est le plus bas.
- Définissez ce que vous souhaitez atteindre. Quel est votre objectif ?
- Définissez 1 à 3 intentions profondes par jour, tous les matins, qui vont vous permettre d'atteindre, un pas après l'autre, votre objectif. Prenez le temps de bien les ressentir comme si vous y arriviez déjà.
- Mettez en pratique vos intentions. Confrontez-vous de manière raisonnable et accessible à votre peur, en vous rappelant d'accueillir de ce que vous vivez sans lutter, laissez juste les sensations être sans vous y attacher, en vous rappelant que cela aussi changera.
- A chaque fois que vous voyez que vous partez dans vos anciens schémas de peur, ramenez votre attention sur ce que vous voulez, avec détermination et persévérance.

2) Créez la vie que vous souhaitez :

- Qu'avez-vous envie de créer dans votre vie ? Si tout était possible que feriez-vous ?
- Quel est votre plus petit pas possible ?
- Quelles intentions pourriez-vous poser pour atteindre votre objectif ?

- Une fois que vous aurez posé ces derniers points, prenez le temps chaque matin pour écrire 1 à 3 intentions profondes et pour ressentir ce que vous souhaitez créer et comment.
- A chaque fois que vous voyez que vous partez dans vos anciens schémas de peur, ramenez votre attention sur ce que vous voulez, avec détermination et persévérance.

**Autorisez-vous à être qui vous voulez être!!!!**

> *Quand je lâche ce que je suis, je deviens ce que je pourrais être.*
>
> — *LAO TSEU*

# 13

# LE POUVOIR DE NOS ÉMOTIONS ET DE L'AMOUR

> *Notre enthousiasme est un véritable souffle de vie, il nous permet d'affronter tous les obstacles pourvu que nous puissions participer à la Vie.*
>
> — *THIERRY JANSSEN*

## PETITS POINTS SUR LES HORMONES DU BONHEUR

Si le stress, la peur, la colère ont un impact sur notre physiologie, heureusement la joie, l'amour, le rire, ou la gratitude vont aussi avoir un effet sur notre corps grâce aux hormones du bonheur (ou du bien-être). Un effet qui va venir contrebalancer les hormones de stress. Si ces dernières créent des tensions musculaires, augmentent notre flux de pensées, notre rythme cardio-respiratoire et vasculaire, les hormones du bien-être vont faire tout l'inverse. Notre corps va se détendre, notre flux de pensées et notre rythme cardio-respiratoire et vasculaire ralentir. Nous pourrons ainsi gagner en énergie vitale. Je vous invite à revoir le *schéma 1* du premier chapitre sur le système nerveux central pour vous aider.

Le système nerveux parasympathique est celui qui déclenche la sécrétion de ces hormones du bien-être, ou neurotransmetteurs pour être plus exacte.

• **La dopamine, c'est celle de la motivation.** Elle assure aussi l'adaptation aux agents stressants, la mémoire, le sommeil réparateur et la régulation de la glycémie. Elle est particulièrement secrétée le matin. Elle est fabriquée à partir de la L-TYROSINE, qui est un acide aminé. Vous en trouverez dans les œufs, la viande, le poisson, les produits laitiers, le soja, les lentilles, les céréales, et la pomme de terre. Elle a besoin aussi de vitamine B, d'acide gras et de magnésium. Comme nous n'avons pas de réserve de tyrosine au réveil, il est important de prendre un petit-déjeuner protéiné. A savoir que le sucre rapide, lui, limite sa synthèse. **Pour la supplémentation en tyrosine, la posologie est souvent de 500 mg de L-tyrosine par jour.** Vous pouvez aussi stimuler sa sécrétion par des petits plaisirs, en réalisant des tâches simples d'environ 10 minutes et en vous félicitant pour chaque petit pas que vous avez fait. Vous pouvez aussi tous les matins vous répéter des affirmations positives qui vous motivent *(voir chapitre 14).*

En plus de procurer des sensations agréables, elle va aussi nous permettre de mémoriser l'information qui nous mènera à revivre cette sensation agréable dans le futur. Le conditionnement opérant avec la fameuse récompense dont je vous parlais dans le chapitre 2

• **La sérotonine, c'est le neurotransmetteur de la tranquillité.** Elle est aussi le précurseur de la mélatonine, hormone du sommeil. Elle est particulièrement secrétée entre 16h et 17h. Elle est fabriquée à partir de la TRYPTOPHANE qui est aussi un acide aminé. Vous en trouverez dans les avocats, les bananes, le poisson, la volaille, les produits laitiers, les œufs, le chocolat et les arachides. Elle a besoin aussi de vitamine B, d'acide gras et de magnésium. L'Agence française de sécurité sanitaire des aliments (Afssa) **estime que les besoins journaliers en tryptophane s'élèvent à 200 mg**, même si ces besoins varient d'une personne à une autre, notamment en fonction de l'âge. Vous pourrez aussi la stimuler en faisant des activités douces comme la méditation de pleine conscience, le yoga, la sophrologie, le chi-gong, en prenant le soleil, en vous faisant masser, en marchant dans la nature, en faisant des activités artistiques comme la peinture, la broderie diamant, le tricot, le dessin, ou en écoutant de la musique douce...

• **Les endorphines sont antalgiques, anxiolytiques et relaxantes.** D'ailleurs, vous avez peut-être déjà entendu parler des coureurs qui ne ressentent plus de douleurs et se sentent comme sur un petit nuage au bout d'environ 20 à 30 minutes de course à pied. C'est grâce à la sécrétion d'endorphines qui agissent comme la morphine sur le corps. Nous pouvons déclencher les endorphines en faisant du sport même de légers étirements, lorsque nous rions, chantons, dansons, pleurons, lorsque nous sommes excités, lors d'un orgasme, ou lorsque nous ressentons une douleur. « Le sport, l'amour, toutes les formes de plaisir sont les meilleurs stimulants pour sa sécrétion. Si aucun aliment ne contient d'endorphines, certains ont la **capacité de favoriser la libération de ces hormones dans le cerveau.** C'est le cas du chocolat noir (plus sa teneur en cacao sera élevée, plus la sécrétion sera importante), des fraises, des oranges, des plats épicés, des noix, des graines et du raisin. »

• **L'ocytocine, c'est l'hormone de l'amour, de la confiance et de l'attachement.** Elle ne se trouve pas dans l'alimentation. Elle est stimulée grâce au toucher, lorsque nous sommes en contact avec des personnes que nous aimons, lorsque nous faisons un câlin à quelqu'un, lors d'un massage. Nous pouvons aussi stimuler la sécrétion d'ocytocine grâce à la visualisation. L'ocytocine facilite aussi le travail de l'accouchement et la lactation.

*Pour la supplémentation, les données sont à titre indicatif, je vous invite à faire appel à un médecin ou à un naturopathe si besoin.*

## LE POUVOIR DE NOS ÉMOTIONS

Maintenant que vous en savez un peu plus sur les hormones du bonheur, rappelez-vous que notre inconscient, qui envoie le message à notre système nerveux, ne fait pas la différence entre le rêve et la réalité. Vous commencez à voir où je veux en venir ?

Faites un test, maintenant. Vous allez fermer les yeux et penser à quelqu'un que vous aimez, ou à un souvenir agréable, ou à un lieu qui vous apaise. Faites le pendant quelques minutes, sans forcer. Rappelez-vous d'une activité que vous aimez, de l'amour que vous pouvez ressentir, de la joie, voire de la gratitude par rapport à ce que vous avez déjà vécu. Laissez-vous vous imprégner de ces sentiments.

Qu'avez-vous ressenti ? Quels sont vos sensations physiques et vos sentiments ?

---------------------------------------------------------------------------------

---------------------------------------------------------------------------------

---------------------------------------------------------------------------------

Normalement, votre corps devrait se détendre et un sentiment de bien-être devrait apparaître.

Nos pensées, notre corps et nos émotions sont inter- reliés. Si je me répète :

**« Je ne veux pas être stressé, je ne veux plus faire de crises d'angoisse. »**

Mon inconscient entend surtout les mots « stress, crises d'angoisse », et il va ouvrir le tiroir de sa bibliothèque qui y fait référence. Notre corps ayant une mémoire émotionnelle, se rappelle très bien de l'effet du stress et va réagir comme si vous étiez en proie à du stress ou de l'angoisse, peut-être juste à une échelle plus petite que si vous viviez vraiment une situation de stress ou d'angoisse.

Il en va de même avec notre imagination, si j'imagine le pire des scénarios catastrophes, mon inconscient envoie le message que nous sommes en danger. Notre corps va alors se tendre, nous sommes dans la peur.

Mais si nous nous répétons mentalement :

**« Je vais bien, je suis calme, j'y arrive, je suis capable, je suis l'amour, la joie etc... »**

Votre inconscient a aussi stocké des souvenirs agréables avec l'étiquette « calme, confiance, motivation, amour et joie ». De la même manière, il vous permettra de ressentir cet état agréable déjà vécu. Et il en va de même si vous imaginez le plus beau film de votre vie dans lequel vous riez, vous êtes dans l'amour et la joie.

**Nos émotions sont puissantes et nous pouvons nous aider à les activer.** Bien sûr, comme je le disais dans le chapitre 5, il ne s'agit pas d'écraser ou de fuir les émotions désagréables. Si une émotion telles que la colère, la tristesse ou la peur toque à la porte, nous avons vu dans le chapitre 11 comment les accueillir.

Cependant, nous pouvons aussi **planter les graines que nous souhaitons cultiver dans notre vie.** Nous pouvons entraîner notre cerveau à sécréter des hormones du bonheur qui feront baisser les hormones de stress, ce qui nous permettra d'être moins réactifs face à un événement stressant, et en même temps cela va nous permettre d'entraîner notre mental à être plus positif et confiant.

## LE POUVOIR DE L'AMOUR

L'amour... Un vaste sujet mais je n'y consacrerai qu'une petite partie dans ce livre. Peut être, qui sait, prendrais-je le temps de déposer ce magnifique sujet dans un nouveau livre?

L'amour est une émotion puissante. Elle guérit tout. Votre relation avec vous-même, avec les autres, vos blessures du passé, votre avenir.

**Quand on est dans l'amour, on ne peut pas être dans la peur.** Les deux sont complètement opposés. L'amour est donc le meilleur remède à la peur.

Au-delà de secréter toutes ces merveilleuses hormones de bien-être, lorsque nous cultivons l'amour dans notre vie, nous cultivons aussi la paix, la joie et la gratitude.

**Si vous êtes dans l'Amour inconditionnel, vous êtes dans l'accueil de ce qui est sans jugement, vous ouvrez grand les bras à la vie et aux autres.** Vous êtes en confiance et vous vous sentez naturellement en sécurité.

Combien de fois j'ai été agréablement surprise par l'effet de l'ouverture du cœur. Les douleurs s'estompent. Je me sens plus sereine, en sécurité, connectée à la vie comme si tout était parfait, comme si je n'avais plus rien à chercher. J'ai trouvé, ici et maintenant, LE BONHEUR. Nous cherchons tous le bonheur, mais parfois, nous le cherchons dans la mauvaise direction. Nous essayons de nous remplir des objets extérieurs, de la reconnaissance, du pouvoir, au lieu de prendre le temps de nous poser pour nous ouvrir à cet état d'être que j'appelle **LA JOIE SEREINE, qui existe à chaque instant au fond de nous.**

Pas plus tard que la semaine dernière, je me suis installée pour une méditation centrée sur le cœur. Je fais toujours quelques respirations douces et tranquilles pour calmer mon mental, puis je centre mon attention sur la région du cœur en me répétant :

**« Je suis l'amour. Je suis l'amour qui guérit les autres et moi-même. »**

Ce jour-là, j'avais passé la journée avec une migraine. Après une dizaine de minutes de méditation, j'ai été agréablement surprise de voir que la douleur avait disparu. Je me sentais ouverte au monde, calme, tranquille et apaisée, avec un sentiment agréable d'avoir gagné en force intérieure et en vitalité, prête à partager une agréable soirée avec ma famille. Parfois, je me demande pourquoi je ne le fais pas tous les soirs. J'en vois bien les bénéfices. Et c'est là qu'il ne faut pas se fouetter. L'important, c'est de le faire quand on le ressent. Bien sûr, il serait plus bénéfique encore de le faire régulièrement, mais nous avançons chacun comme nous pouvons avec notre niveau de conscience et d'intelligence du moment. Le plus important, c'est de ne pas se culpabiliser, mais de trouver l'espace pour y revenir plus fréquemment si possible, de se rappeler que nous pouvons aussi vivre cela, que tout est déjà là.

Il y a quelques années, lorsque je vivais une période d'anxiété généralisée suite au surmenage, ma coach m'avait demandé de me rendre dans la nature pour méditer et me connecter avec tout ce qui m'entourait. Puis à la fin de la méditation, elle m'avait dit de me mettre en position debout, ancrée au sol, d'ouvrir grand les bras avec gratitude. Alors que dans cette période, je vivais la plupart du temps dans l'angoisse, ce jour-là, lorsque j'ai ouvert les bras avec amour et gratitude, j'ai eu la sensation de vivre une nouvelle réalité. Un puissant sentiment de plénitude m'a habité. Je voyais la vie sans mon mental qui interprète et qui a peur de ce qu'il pouvait m'arriver. Ce n'était d'ailleurs pas la première fois que je ressentais cela. Souvent, lorsque je prends le temps de méditer en me connectant d'abord à mon souffle, puis à mes sens et à l'environnement qui m'entoure, je ressens **ce sentiment puissant d'amour inconditionnel et de connexion à tout ce qui est.** Même dans la peur, si nous prenons le temps de nous installer, si nous acceptons de faire une pause dans le tumulte de notre vie, de dire :

« Stop ! Maintenant, il est temps que je me reconnecte à la vie ! », nous pouvons nous libérer, ressentir l'amour et la paix. Bien sûr, il serait préférable de nous entraîner en amont, avant même que nous nous retrouvions dans une situation douloureuse, afin de nous permettre d'accéder plus facilement à cet état lorsque l'anxiété se place sur notre chemin. Mais tout est toujours possible. Le cœur est puissant.

Le livre de Thierry Janssen « *Ecouter le silence à l'intérieur* » m'a beaucoup touchée. Pour moi, c'est le livre à lire si vous souhaitez vous reconnecter à votre être intérieur, à votre cœur et à l'amour inconditionnel. Je vous partage cet extrait qui décrit si bien ce que l'on peut vivre lorsque nous nous connectons au pouvoir de notre cœur :

> « *Les jugements et les pensées négatives tournaient en boucle, l'angoisse se manifestait par bouffées, et la souffrance s'emparait de mon corps [...]. J'ai décidé de respirer profondément afin d'ouvrir la région du chakra du cœur. Aussitôt, l'agitation de mes pensées s'est calmée, les idées qui naissaient en*

*moi sont devenues plus douces et plus positives, et un puissant sentiment de compassion pour moi-même est apparu. Détente, espace et douceur. Paix, silence et bienveillance. J'ai clairement ressenti l'énergie de l'acceptation sans condition – l'énergie de l'amour inconditionnel – et, avec elle, l'apaisement mental et de la détente corporelle. M'accepter tel que j'étais, accepter mon ego avec ses travers et ses défauts, comprendre les blessures et les peurs qui ont participé à la construction de ma personnalité tourmentée. Oui ! l'autocompassion était la solution !*

*[...] J'ai compris à quel point mon mental m'empêche de me laisser aller à cet abandon, à cet amour sans condition [...]. Etre présent au présent est un présent. Plonger dans le regard d'un autre sans chercher à analyser ce que l'on y découvre. Ne penser ni à hier, ni à demain. Ne pas penser. Se contenter d'être simplement là, le cœur ouvert, et accepter ce qui est, sans condition. Aimer inconditionnellement. Se souvenir que le silence, la paix et l'amour sont au fond de chacun, tout au fond, au-delà de nos personnalités agitées et stressées, dans la source vive de la joie, dans l'essence de l'être que l'on appelle le Soi.*

Rien qu'en vous écrivant ce petit passage, mon cœur grandit d'amour pour la vie. Je me reconnecte à cet état d'être avec un profond désir de continuer sur ce chemin. Tout est déjà là. La vie est amour, la nature est amour, chaque être est amour.

**Dans cette perception de la vie, il ne reste que la joie, la paix et la gratitude.**

## POINTS CLÉS DU CHAPITRE

- Pour stimuler la sécrétion de dopamine, je peux prendre un petit-déjeuner protéiné, réaliser des tâches faciles d'environ 10 minutes et me féliciter pour chaque petit pas que je fais. Me faire plaisir. Je peux tous les matins me répéter des affirmations positives qui me motivent.
- Pour stimuler la sécrétion de sérotonine, je peux avoir un apport en tryptophane vers 17h, faire de la relaxation, de la méditation, du yoga, de la sophrologie, de la cohérence cardiaque, du chi gong, de la relaxation en prenant le soleil, en se faisant masser, en marchant dans la nature, en faisant des activités artistiques comme la peinture, la broderie diamant, le tricot, le dessin, en écoutant de la musique douce…
- Pour stimuler la sécrétion d'endorphines, je peux faire des étirements légers chaque matin, du sport, de la danse, chanter, rire, me faire plaisir. Elle peut aussi être libérée grâce à certains aliments comme le chocolat, les fraises, les oranges, les plats épicés, les noix et les graines, et le raisin. »
- Pleurer me permet aussi de libérer des endorphines.
- Pour stimuler la sécrétion d'ocytocine, nous pouvons passer du temps et/ou faire un câlin à une personne que nous aimons, se faire masser, faire une méditation sur l'amour, répéter des mantras.
- La joie sereine existe à chaque instant à l'intérieur de nous. Le bonheur est toujours là, parfois, caché sous le voile de nos pensées.

## EXERCICES

1) Le pouvoir de la gratitude :

Je vous invite à prendre le temps chaque soir, de noter dans votre cahier :

8 choses pour lesquelles vous pouvez dire MERCI. Ce peut être des choses très simples, et se les répéter d'un jour à l'autre. Simplement observez ce que vous avez vécu dans la journée et notez 8 choses pour lesquelles vous vous sentez en gratitude.

Exemple : Merci pour le soleil, merci pour le rire, merci pour ma maison, merci pour mon travail, merci pour mes enfants, merci pour ce bon repas, merci pour les couleurs...

2) Je m'aime enfin :

Dans le même état d'esprit que le premier exercice, notez 3 choses qui font que vous vous aimez et que vous êtes fier(e) de vous.

Exemple : Je m'aime et je suis fière de moi pour le bon gâteau que j'ai fait aujourd'hui.

Je m'aime et je suis fière de moi d'avoir pris le temps de faire mes exercices de cohérence cardiaque.

Je m'aime et je suis fière de moi d'avoir réussi à prendre du recul sur mes pensées...

------------------------------------------------------------------------

------------------------------------------------------------------------

------------------------------------------------------------------------

------------------------------------------------------------------------

------------------------------------------------------------------------

------------------------------------------------------------------------

------------------------------------------------------------------------

------------------------------------------------------------------------

------------------------------------------------------------------------

3) <u>2 séances guidées :</u>

Et voici 2 séances guidées pour vous permettre d'éveiller l'énergie de la joie, de développer l'amour de soi et vous reconnecter à votre cœur.

- **RESSOURCE SUPPLÉMENTAIRE (voir QR Code en début de livre) :** 5 min de méditation pour changer son énergie et éveiller la joie.

- **RESSOURCE SUPPLÉMENTAIRE (voir QR Code en début de livre) :** Méditation pour se libérer de la culpabilité et développer l'amour de soi.

# 14

# SOPHROLOGIE, MÉDITATION TRANSFORMATRICE, EFT ET AFFIRMATIONS POSITIVES

> *Nous possédons tous plus de pouvoirs et de possibilités que nous le croyons, et la visualisation est l'un des plus grands de ces pouvoirs.*
>
> — *GENEVIÈVE BEHREND (1881-1960)*

## LA SOPHROLOGIE, SCIENCE DE LA CONSCIENCE POSITIVE

La sophrologie est une technique de relaxation dynamique qui permet de secréter toutes ces bonnes hormones du bonheur grâce à la détente du corps et à la visualisation positive. La sophrologie, c'est bien plus que se relaxer. Sa pratique régulière permet de se connecter à son corps pour être plus à son écoute, d'éveiller à la conscience le positif de notre inconscient, c'est-à-dire nos propres capacités, nos souvenirs agréables, et nos propres schémas positifs inconscients. Elle permet aussi d'avoir une conscience plus positive de soi, des autres et du monde qui nous entoure.

Elle permet d'entraîner notre conscience à ressentir et à visualiser ce que nous avons envie de créer dans notre vie.

Généralement, la sophrologie se pratique en position assise ou debout afin de rester conscient des exercices, et d'éviter de tomber dans le sommeil. Dans un premier temps, la prise de conscience de chaque partie du corps dans la détente va aider la personne à descendre dans un état de conscience appelé sophronique, entre l'éveil et le sommeil. **Dans cet état de conscience, le flux de pensées se calme, et nous pouvons travailler directement avec notre inconscient.**

Nous pouvons dans un deuxième temps faire un exercice dynamique, associant une intention et un geste. Par exemple, joindre l'intention de se sentir confiant(e) avec le mouvement d'ouverture de la partie supérieure du corps, la tête se laissant doucement aller en arrière, les bras s'ouvrant sur le côté comme si on accueillait la confiance en soi, tout en répétant le mot CONFIANCE. L'inconscient comprend la commande et vous pourrez ressentir et développer ce sentiment.

Et dans un troisième temps, nous pouvons utiliser notre capacité à imaginer pour vivre, ressentir à travers chacun de nos sens un paysage qui nous apaise, visualiser un événement à vivre agréable, se préparer à un examen ou à une opération positivement, ou encore laisser venir un souvenir positif, se rappeler des belles capacités que nous avons et l'évolution de celles-ci afin d'ancrer cet état agréable dans notre bibliothèque de l'inconscient, qui aura plus de facilité à nous le rappeler lorsque nous en aurons besoin.

## CRÉER SA VIE SELON JOE DISPENZA

Cela me fait penser aux magnifiques enseignements de Joe Dispenza. Son livre *« Devenir super-conscient »* est un de mes livres de chevet. Moi qui ai besoin de comprendre pour croire, je trouve qu'il explique clairement **comment fonctionnent les énergies et comment nous pouvons créer grâce à notre cerveau et au pouvoir de nos pensées et de nos émotions, la vie que nous souhaitons.**

Dans sa méditation profonde *« Rompre avec soi-même »*, il nous invite à prendre conscience des états d'être physiques et mentaux que nous ne voulons plus vivre, de mettre la lumière sur ce que nous ressentons à ce moment-là dans notre corps, de prendre conscience de nos émotions et de notre discours intérieur afin qu'il ne passe plus jamais inaperçu. Puis, il nous amène à vivre et à ressentir la nouvelle version que nous souhaitons être avec un fort sentiment de gratitude, comme si nous l'avions déjà, ce qui va permettre d'intégrer puissamment ce nouvel état d'être dans notre inconscient.

Ainsi, dans notre quotidien, lorsque notre ancienne manière de penser, de vivre un événement commence à s'activer, nous pourrons plus facilement en prendre conscience. C'est décider que cela fait partie du passé. Puis nous nous rappelons comment nous souhaitons vivre cet événement, dans quel état d'esprit. Bien sûr, cela demande de la répétition, mais pour l'avoir expérimenté sur mes patients et moi-même, je peux vous assurer que **si vous avez la ferme intention de vous guérir, de changer, d'avancer vers une nouvelle version de vous-même, cela est possible.**

> *Si vous faites ce que vous avez toujours fait, vous obtiendrez ce que vous avez toujours obtenu !*
>
> *Tony Robbins*

> *Non seulement les expériences permettent de développer les circuits cérébraux, mais en plus, elles créent des émotions. Considérez que les émotions sont les résidus chimiques d'expériences passées, c'est-à-dire des rétroactions chimiques. Plus un événement a un impact émotionnel fort dans votre vie, plus il laissera une trace durable dans votre cerveau ; c'est ainsi que se forment les souvenirs à long terme. [...] Plus vous répétez une pensée, un choix, un comportement, une expérience ou une émotion, plus les neurones concernés s'activent et créent des liens, et plus ils développeront une relation à long terme. [...]*
>
> *Si vous voulez accomplir quelque chose d'illimité, mieux vaut vous sentir illimité. Si vous voulez créer la liberté, mieux*

*vaut vous sentir libre. Et si vous cherchez à vous guérir, mieux vaut élever votre énergie en cherchant à atteindre la complétude. Plus vos émotions sont élevées et plus l'énergie que vous émettez est élevée, plus vous aurez d'influence sur le monde matériel et plus le délai nécessaire avant que votre création n'apparaisse dans votre vie sera court.*

— *« DEVENIR SUPER-CONSCIENT » DE JOE DISPENZA*

Cela ne vous donne pas envie d'essayer ? **Vos émotions et vos neurotransmetteurs sont inter-reliés.** Si vous êtes en déficit de sérotonine, vous ressentirez plus la peur et les angoisses. Si vous êtes en déficit d'ocytocine, vous aurez un manque de confiance et d'estime de vous. Et si vous avez vécu des traumatismes, ou si vous répétez toujours le même discours intérieur qui vous sabote, qui vous met la pression, qui vous stresse, vous allez déclencher la sécrétion d'hormones de stress.

**Mais vous pouvez reprendre le pouvoir sur votre vie, en aidant votre physiologie, et votre mental à vivre plus harmonieusement.** En vous entraînant à changer votre perception de la vie plus positivement, en prenant soin de vous, en faisant des activités qui vous procurent du bien-être, mais aussi en prenant le temps de visualiser et ressentir ce que vous voulez vivre. Si vous imaginez que vous êtes capable, que vous êtes quelqu'un d'aimable, si vous prenez le temps de remercier pour tout ce que vous avez dans votre vie, si vous tournez votre regard sur tous les petits moments de bonheur, si vous vous autorisez à vous détendre et à ressentir l'amour, la joie et la gratitude, vous allez stimuler ces merveilleuses hormones du bonheur, et mieux encore si vous le faites régulièrement, vous pourrez créer un avenir toujours plus harmonieux et agréable dans la confiance et la sécurité.

## LES AFFIRMATIONS POSITIVES ET LES MANTRAS

Les affirmations positives peuvent aussi vous aider dans ce sens. Une affirmation positive, c'est une phrase qui vous permet d'avancer positivement vers ce que vous souhaitez. Elle réveille en vous un sentiment agréable de bien-être, de joie, d'amour ou de gratitude. Vous pouvez vous laisser guider par des affirmations que vous trouverez sur Internet ou dans les livres. Vous pouvez créer vos propres phrases selon votre besoin du moment. Au yoga, nous allons parler de Sankalpa qui est la formulation d'une intention profonde. C'est comme si ces phrases étaient de petites graines que vous plantez chaque fois que vous prenez le temps de vous y connecter en répétant et ressentant ces phrases. **Celles-ci doivent être en accord avec vos croyances, vos émotions et votre réalité du moment.** Ce point est très important. Si vous vous répétez : « Je suis serein(e) », alors que dans cet instant, vous êtes hyper stressé(e)s, vous êtes en incohérence avec votre état d'être, et c'est comme si vous luttiez contre une partie de vous. Cela aurait plutôt tendance à faire l'effet inverse. Il est alors préférable d'y aller de manière plus douce.

**« Même si je ressens encore le stress, je prends le temps de respirer et de me détendre. Petit à petit, je me sens de mieux en mieux. A chaque instant, je me libère et j'accueille la douceur. »**

Lorsque vous créez votre affirmation, faites en sorte qu'elle soit positive. Rappelez-vous, votre inconscient ouvre les tiroirs selon l'étiquette si vous lui dites : « Je suis de moins en moins stressé(e) ». Il va juste entendre le mot stress. Il va être préférable de formuler la phrase dans le sens : « Je me sens de plus en plus détendu(e) ».

Quand vous aurez créé ou trouvé votre ou vos affirmations positives, répétez-les une vingtaine de fois, trois fois par jour, tout en ressentant le positif qu'elles évoquent pour vous, afin de stimuler régulièrement cet état d'être et de l'intégrer dans votre inconscient.

Par exemple :

**« Je vis en toute confiance. Je me sens bien à chaque instant. Je suis libre d'être qui je suis.**

**Je suis l'amour. Ma maison et mon cœur sont ouverts à chaque être.**

**Je suis l'énergie de guérison. Je ressens cette énergie à chaque instant. »**

Vous pouvez aussi utiliser des mantras ou des prières qui vous touchent. Le plus populaire étant le fameux : **Om Mani Padme Om** qui est un message de paix.

Pour ma part, j'aime beaucoup le mantra du bouddha médecine :

**« Tayata Om Bekandze Bekandze Maha Bekandze Radza Samudgate Soha. »**

Il signifie : "Puissent les innombrables malades être rapidement libérés de la maladie et puissent toutes les maladies des êtres disparaître à jamais".

Je l'ai régulièrement pratiqué lorsque j'étais alitée. Tout en m'imprégnant des enseignements du livre du bouddha médecine, qui d'une manière différente, nous explique combien la compassion et la bienveillance nous aident à se guérir et à guérir les autres.

Je pratique aussi, par période, le mantra dédié à Tara, la "mère de tous les Bouddhas ». Il permet d'invoquer la protection de Tara, sa compassion, et son aide pour cultiver l'abondance et le succès.

**Om Tare Tuttare Ture Soha**

Vous pouvez soit vous poser en méditation, faire quelques respirations pour calmer votre mental, puis répéter pendant 5 – 10 – 30 minutes ou plus votre mantra, soit ce que vous aimez beaucoup faire aussi, vous laisser porter par un mantra chanté pour vous accompagner dans vos activités matinales, ou lorsque vous cuisinez, ou encore le soir pour vous poser un peu de la journée et refaire le plein de belles énergies.

## L'EFT : TECHNIQUE DE LIBÉRATION ÉMOTIONNELLE

L'EFT a été créé par Gary Craig, Maître praticien en Programmation Neuro-Linguistique. C'est une **pratique psychocorporelle visant à**

**traiter des blocages émotionnels et à se libérer des émotions négatives en stimulant avec le bout des doigts des méridiens d'acupuncture.** Il existe de nombreux points à stimuler. Vous retrouvez dans la vidéo bonus une partie de ces points que j'utilise généralement lors des séances. Je rajoute aussi le point au niveau du crâne que vous retrouvez dans mes autres vidéos.

Lorsque nous vivons un événement difficile voire traumatisant, la charge émotionnelle va impacter notre corps si celle-ci n'est pas libérée sur le moment. En stimulant par le « tapping » (le fait de tapoter les points des méridiens), nous allons pouvoir libérer cette charge émotionnelle de notre corps, mais aussi de notre mémoire, en répétant des phrases qui expriment le problème et qui nous aident à nous accepter nous-mêmes, ce qui va provoquer une inversion entre l'émotion désagréable et l'affirmation positive.

Cette technique est très intéressante lorsque nous souffrons d'anxiété généralisée, d'angoisse et de phobie parce **qu'elle permet de se reconnecter avec l'émotion de départ, de l'accueillir et de l'accepter, pour enfin la libérer.** Elle permet une désensibilisation émotionnelle. Le souvenir existe toujours mais l'émotion est libérée.

Dans un premier temps, il est nécessaire de **repenser à l'événement en question**, d'exprimer au thérapeute si vous êtes guidé, ou d'écrire sur une feuille si vous souhaitez pratiquer seul chez vous, les pensées qui vous viennent, les images, les sensations physiques, et les émotions que vous allez coter sur une échelle de 0 à 10.

0: vous ne ressentez rien, 10: l'émotion est à son maximum. Vous allez vous reconnecter à cet événement. Si ce dernier est trop traumatisant, il est alors préférable de consulter un spécialiste en EFT.

Dans un deuxième temps, vous allez **tapoter les différents points** :

- Le point karaté, au niveau de la tranche de la main du côté de l'auriculaire, vous allez tapoter avec 4 doigts, seulement au début, une seule fois, en répétant 3 phrases.

- Puis nous pouvons commencer la ronde en tapotant :

1. Au-dessus du crâne, au milieu avec 4 doigts, au niveau de la fontanelle antérieure,

2. Au début des sourcils avec 2 doigts,

3. Au coin de l'œil avec 2 doigts, des 2 côtés, sur l'os qui longe le côté extérieur de l'œil,

4. Sous l'œil, toujours avec 2 doigts, des 2 côtés, sur le petit os sous l'œil, environ 2-3cm sous la pupille, dans la verticalité de la pupille lorsque vous regardez tout droit,

5. Sous le nez avec 2 doigts, entre le bas du nez et la lèvre supérieure,

6. Le menton avec 2 doigts, entre la lèvre inférieure et la pointe du menton.

7. La clavicule avec 4 doigts, des 2 côtés, là où se rencontrent le sternum, la clavicule et la première côte.

8. Sous le sein avec 4 doigts, des 2 côtés, pour les hommes 2 à 3 cm sous le mamelon.

9. Sous le bras avec 4 doigts, d'un seul côté, opposé à la main qui stimule, environ 10 cm sous l'aisselle.

Pour que la technique soit efficace, il faut tapoter minimum 7 points, 7 fois. D'autres points encore se situent au niveau des doigts.

Tout en tapotant les 7 points dans une forme de ronde, vous allez répéter ce type de phrase :

**« Même si (*ici vous placez la difficulté, les pensées, l'émotion, les sensations,*) je m'aime et je m'accepte complètement et totalement. »**

Pour ma part, je fais cette ronde de phrases, puis j'aime rajouter une ronde avec les phrases de ce type :

**« Toutes (*ici je nomme l'émotion, les sensations,*) je libère et je laisse partir. »**

Et je finis par une ronde de phrases positives.

Exemples de phrases que je vais utiliser :

« Même si j'ai peur de rouler et de faire un malaise, je m'aime et m'accepte complètement et totalement.

Même si j'ai peur lorsque je sens mes jambes trembler lorsque je roule, je m'aime et m'accepte complètement et totalement.

Même si j'ai peur de ne pas y arriver, je m'aime et m'accepte complètement et totalement.

Même si j'ai peur de perdre le contrôle lorsque je suis en train de rouler, je m'aime et m'accepte complètement et totalement. »

« Toutes ces peurs, je libère et je laisse partir. Toutes ces sensations désagréables dans mon corps, je libère et je laisse partir. Toutes ces images qui me viennent, je libère et je laisse partir. »

« Je suis capable de rouler. Je me sens confiante. Je suis la reine de la route. »

Pour la dernière phrase, j'aime beaucoup utiliser l'humour aussi lors de mes séances, cela permet de dédramatiser la situation et d'accentuer la désensibilisation.

Une fois la ronde finie, vous observez comment vous vous sentez. A quel niveau se trouve encore votre émotion sur l'échelle de 0 à 10. Normalement, vous devriez ressentir que l'émotion a baissé au niveau de sa charge, voire, ne plus la ressentir du tout.

Si cette technique vous plaît, vous pouvez aussi l'utiliser dans votre quotidien pour, au matin, éveiller des émotions positives par rapport à la journée à venir, et le soir, libérer les charges émotionnelles et vous préparer à une agréable nuit.

Vous pouvez vous aider des vidéos sur ma chaîne YOUTUBE pour mieux comprendre la construction des phrases ou prendre rendez-vous avec un thérapeute spécialisé en EFT ou moi-même si vous souhaitez être accompagné pour une première séance. Une fois la technique comprise, vous pourrez pratiquer facilement en toute autonomie.

## LES POINTS CLÉS DU CHAPITRE

- La sophrologie n'est pas une simple technique de relaxation. Elle permet d'éveiller à la conscience le positif de qui nous sommes, et de ce que nous vivons.

- En répétant régulièrement ce type de technique, je peux changer mon état d'esprit ainsi que mon état d'être.

- Avec la méthode de Joe Dispenza, nous allons mettre en lumière nos schémas, pensées et émotions qui nous sabotent afin d'en prendre plus facilement conscience lorsque l'ancienne version de soi refait surface, puis nous allons ressentir profondément avec gratitude qui nous souhaitons être afin de reprogrammer notre inconscient.

- Les affirmations positives et mantras sont faciles à utiliser et permettent de revenir chaque jour à ce que l'on souhaite vivre et l'état d'esprit que nous souhaitons développer.

- L'EFT est une technique de libération émotionnelle qui utilise les points d'acupuncture pour décharger le corps de ces charges émotionnelles, et avec l'inversion libérer l'ancrage mental.

- Nous pouvons utiliser l'EFT tous les jours pour nous préparer à vivre une belle journée, et le soir pour libérer le stress, ou autres charges émotionnelles de la journée.

## EXERCICES

• **RESSOURCE SUPPLÉMENTAIRE (voir QR Code en début de livre) :** Séance de sophrologie - liberté et avenir positif (Séance Complète, avancer positivement, ancrage).

• **RESSOURCE SUPPLÉMENTAIRE (voir QR Code en début de livre) :** 1ère séance d'EFT, explication et séance pour se libérer de la peur du jugement.

# CONCLUSION

Le secret maintenant est de répéter, répéter, répéter ce que vous voulez transformer en vous. Placez votre attention sur un exercice, un chapitre, une notion qui vous parle particulièrement. Vous pouvez aussi vous faire un post-it de phrases-clé, et **répéter chaque jour la notion qui vous inspire**, jusqu'à ce que cela ne fasse plus qu'un avec vous. Rappelez-vous, **là où on met notre attention, notre énergie va.** Vous pouvez changer votre vie, vous pouvez vous libérer comme je l'ai fait, et je le fais encore.

A force de répétitions, vous verrez, ces concepts seront de mieux en mieux intégrés. Soyez patients et persévérants ! Et si certains jours, vos anciens schémas reviennent, si vous ressentez de la peur, de l'anxiété, accueillez-les avec amour et bienveillance, sans jugement : "**Je fais du mieux que je peux, avec les outils que j'ai, avec mon niveau de conscience et mes connaissances du moment. Et cela aussi changera!** "

N'essayez pas de vous "sauver" de l'anxiété, **ne luttez pas.** Elle est comme une enfant qui a besoin d'être prise dans vos bras, d'être vue, d'être entendue. Laissez-la être avec vous !

Quand elle se présente à vous, laissez-la vous accompagner dans votre vie. **Accueillez-la pleinement.** Observez les sensations dans votre corps sans jugement. Laissez passer les pensées sans vous y accrocher. Tout passe. **Tout change tout le temps.** Permettez à la vie de couler en vous. Ayez confiance ! Ayez foi en la vie !

Aimez-vous suffisamment pour prendre le temps de vous régénérer. **"Tout organisme vivant, soumis à une période de stress, suivie d'une période de repos, revient naturellement en équilibre."**

**Cultivez ce que vous voulez voir fleurir dans votre vie.** Rappelez-vous des beaux moments que vous avez passés dans la journée, même les plus simples, avec gratitude.

Quel bonheur d'être en vie ! Merci à mon corps de me permettre d'expérimenter tout cela à chaque instant. Merci à la nature de m'apporter tout ce dont j'ai besoin. Merci à chaque être pour chaque rencontre que je fais. Merci pour chaque difficulté qui m'a permis de grandir et d'évoluer, de me rapprocher de qui je suis profondément, et de me libérer. **Merci à vous d'avoir pris le temps de me lire.**

En écrivant cette conclusion, je me rends compte à quel point ma vie a changé. Je mesure le chemin parcouru et le chemin que je marche. J'ai tellement de gratitude pour partager avec vous tout ce qui m'a permis et me permet de marcher mon propre chemin de libération afin de développer ma paix intérieur.

Si vous appliquez tout ce qui est présent dans ce livre, alors tout comme moi, vous parviendrez à vous libérer de l'emprise de l'anxiété.

**Reconnectez-vous à vos sens, et savourez chaque moment de votre vie. Le bonheur est là !**

Un pas après l'autre, je vous souhaite de faire de l'anxiété, une amie, et de votre vie un terrain de jeu où vous pourrez expérimenter les moments agréables comme ceux désagréables dans la paix de ce qui est. Et enfin de...

**DANSER AVEC LA VIE !**

# À PROPOS DE L'AUTEUR

Infirmière diplômée d'état depuis 2004, elle a voyagé de cliniques en cliniques, de services en services, toujours en quête d'apprentissage et de découverte, essayant de redonner le sourire aux personnes malades et de leur apporter un petit moment de bonheur dans un endroit qui ne le permet pas souvent.

Passionnée par le développement personnel, l'intelligence émotionnelle et le bien être, elle découvre la méditation de pleine conscience en 2008, ainsi que les enseignements bouddhistes. C'est à partir de 2014, qu'elle décide de se former pour retrouver un équilibre dans sa vie, mais aussi pouvoir aider et donner ce que chacun aurait besoin pour avancer et vivre plus heureux.

En 2015, elle obtient son diplôme de Sophrologie Caycédienne, puis celui en MBSR ( gestion du stress par la pleine conscience). Elle se spécialise aussi  dans les soins bien-être avec le massage balinais de Ruth Indiathi, le soin aux bols tibétains pour une réharmonisation énergétique, le magnétisme, le yin yoga et la réflexologie faciale – Viet Massage anti-stress –

En 2018, elle se spécialise en hypnose Ericksonienne, puis SAGECE. Deux techniques complémentaires qui permettent de reprogrammer l'inconscient pour la première, et de libérer les blessures du passé, les émotions coincées, les fidélités inconscientes pour la deuxième.

Elle découvre par la suite L'EFT, la thérapie de libération émotionnelle, et le faster EFT, lors de ces phases de stress post-traumatique, qui l'ont beaucoup aidés, et décide de se former, ajoutant ainsi un outil efficace pour aider sa patientèle à se libérer émotionnellement de leur passé ou de situation vécue actuellement.

Et en 2019, elle rencontre François Lemay lors de sa conférence : *« Tout est toujours parfait ! »* à Metz. Elle tombe littéralement amoureuse de ces enseignements sur la vie, tellement puissants, faciles à comprendre et remplis d'humour en même temps. C'est en janvier 2021 qu'elle commence les formations à ces côtés : « Switch » pour apprendre à calmer son mental avec la pleine conscience ; « Reset 7 » pour apprendre à se connaître en pleine conscience ; et elle s'engage dans « UBUNTU » sur 1 an, pour devenir éveilleuse de conscience.

Manuela est aussi passionnée par la création. Et c'est suite à une période d'alitement afin de continuer à procurer du bien-être, qu'elle créé **sa chaîne YOUTUBE : Manuela Rossell – Coaching en pleine conscience**, sur laquelle vous pourrez retrouver plus de 150 vidéos de relaxation, d'ASMR, de sophrologie, d'hypnose, d'EFT et d'enseignement, qui compte aujourd'hui presque 10 000 abonnés et 1 million de vues.

Elle continue à être présente sur les réseaux sociaux pendant le confinement, en apportant de son mieux de la joie, du bien-être, et de l'espoir. Vous pouvez la retrouver sur son compte **Instagram : manuela.rossell_coach**, sur **Tik Tok** et sur **Facebook : Manuela Rossell**. Vous pouvez aussi retrouver des séances privées, des masterclass, et partager votre expérience sur son groupe privé Facebook : **Danse avec la vie !**

Vous retrouvez toutes les informations sur ses activités professionnelles au cabinet ou en vidéo-consultation, ainsi que les dates de stages et séances de groupe sur le site : **www.theraneo.com/rossell.**

# POUR ALLER PLUS LOIN

Si vous souhaitez aller plus loin, je vous propose différents stages au cours de l'année sur mon site www.theraneo.com/rossell :

- « **Se reconnecter** » pour les personnes qui ont besoin de se régénérer, se ressourcer, se reconnecter à soi et à la nature. Un stage tout en douceur pour apprendre les bases de la pleine conscience.
- « **Se recréer – Vers une meilleure version de soi** » si vous souhaitez transmuter votre énergie et vous libérer des blessures du passé. Un stage puissant! Vous repartirez légers et remplis de belles énergies.
- « **Ouvrir son cœur et se transformer** » pour vous connecter à votre être intérieur et à l'amour inconditionnel. Un magnifique stage pour se connecter à l'amour qui réside en chacun de nous et le diffuser dans son quotidien.

Chaque stage comprend des enseignements, des séances de méditation, de yin yoga, de contes thérapeutiques, et de libération émotionnelle aux chants des bols tibétains et du tambour chamanique.

Voici l'un des derniers témoignages pour vous donner une idée :

*Merci à toi pour ce week-end! Pour tout ce que tu nous as apporté, toutes les belles énergies et tout l'amour qui a été partagé! Je repars avec des paillettes dans les yeux et la joie et l'amour dans le cœur, et surtout énormément de gratitude!! Je te souhaite de bien te reposer et de ressentir tout le bonheur et l'amour que tu nous as donné, ça n'a pas de prix une expérience pareille!*

— *LORÈNE*

J'ai à cœur d'organiser ces stages pour le bonheur de partager en réel avec vous et prendre le temps de se connecter. On en ressort tous grandis et enrichis. J'adore. A chaque fois que je repars d'un stage, je me sens reboostée, le cœur grand ouvert et les étoiles pleins les yeux.

Il vous est aussi possible de vous inscrire à une formation en ligne pour intégrer les fondements de la pleine conscience intégrative, apprendre à vous recentrer, à prendre du recul et vous connecter aux émotions qui guérissent, comme l'amour, la joie et la gratitude.

Pour me retrouver sur mes différentes plateformes, c'est ici :

*ou rendez-vous directement sur https://qrco.de/bdVOH2*

Vous aurez accès à mon site, à mes audios (séances de méditation, d'hypnose et de contes thérapeutiques) ainsi qu'à ma boutique de produits à l'image du centre Terre Happy Zzzen.

# REMERCIEMENTS

J'aimerais tout particulièrement remercier mon mentor et ami, François Lemay, pour tout ce qu'il m'a apporté au travers de ses enseignements, pour sa bienveillance et sa présence lumineuse, mais aussi de m'avoir si bien aidé à me libérer. Grâce à toi mon ami, je danse enfin avec la vie. Chacun de tes enseignements vibre en moi et me fait évoluer. Il y a 20 ans, je cherchais un guide spirituel, aujourd'hui, je l'ai enfin trouvé. Merci d'être dans ma vie !

Merci à mes coachs, Natalie Côté, Dr Klein Marie, Bruno Gruzon et Anthony Nicolas, qui a différentes phases de ma vie, m'ont aidé à me relever, à dépasser mes peurs et avancer avec toujours plus de légèreté vers la vie que je souhaitais créer.

Merci à mon parrain qui est toujours présent, qui m'a aidé avec beaucoup d'amour et de bienveillance, à voir la vie différemment, à apprendre à me connaître et à observer ce qui est bon pour moi et ce qui ne l'est pas.

Merci à mes parents et à ma sœur qui me soutiennent dans chacune de mes épreuves, qui me donnent toujours le maximum pour me porter quand je n'y arrive plus, qui me rassurent et continuent à m'aimer telle que je suis. Merci pour tout l'amour que vous me donnez.

Merci à ma marraine et à mes amis, Valérie, Caroline, Lucie, Stéphane (Digui), Line, Joëlle et Anthony qui m'ont suivi tout le long de l'écriture du livre, qui m'ont motivée et boostée par leurs retours positifs. Merci aussi pour votre soutien, votre écoute et votre bienveillance quand j'en ai eu besoin.

Merci à Carole, qui est correctrice de mémoire, qui a eu connaissance de l'écriture de mon livre 3 semaines avant que je ne le rende et qui s'est proposée pour faire la correction générale. Un grand merci pour le temps que vous avez pris et pour votre aide.

Merci à mon chéri, Christophe, pour son soutien, son amour, sa douceur et toutes les fois où tu m'as redonné espoir. Merci mon amour de croire en moi.

Merci à Agnès et Christophe qui ont pris le temps de m'écouter et de prendre soin de moi quand j'étais dans cette dernière phase de vie où je ne pensais ne plus réussir à remonter. Grâce à vous, j'ai retrouvé l'espoir et la force de continuer d'avancer.

Merci à mon ami, Emeric, qui m'a fait connaître la méditation et les enseignements bouddhiste pour la première fois lorsque j'avais 25 ans. A tes côtés, j'ai beaucoup appris et grandi sur le chemin de l'amour universel, de la présence et de la compassion.

Et bien sûr, un grand merci à Clément, d'éditer son livre, pour son accompagnement tout au long de la création de mon livre. Je me suis sentie écoutée, motivée, rassurée, boostée. Avec toi, la création de livre est vraiment un plaisir et une possibilité. Avec Erwan, je vous recommande mille fois, tant votre investissement et votre aide m'ont été précieux.

Du fond du cœur, merci à chacun d'entre vous de faire partie de ma vie.

Manuela

# BIBLIOGRAPHIE


**Asenbourg,** Thomas. *Cessez d'être gentil Soyez vrai !.*
**Bourbeau,** Lise. Extrait du livre « *Écoute ton corps* » (chap 2).
**Bourbeau,** Lise. *Les 5 blessures.*
**Bourbeau,** Lise. *La guérison des 5 blessures.*
**Browning,** Ronna. *Comment contrôler les crises d'anxiété et de panique.*
**Dellus,** Sylvie. *Santé Magazine*
**Dispenza,** Joe. *Devenir super-conscient.*
**Fone,** Héléna, **Gurret,** Michel. *Découvrir l'EFT pour les nuls.*
**Foster,** Jeff. *Se reposer.*
**Goleman,** Daniel. *L'intelligence émotionnelle*
**Gounelle,** Laurent. *L'homme qui voulait être heureux*
**Janssen,** Thierry. *Ecouter le silence à l'intérieur.*
**Lemay,** François. *Tout est toujours parfait.*
**Leung,** Armella (Art-mella). *Emotions : Enquête et mode d'emploi. Tome 1 et 2.*
*L'obs,* cahier numéro un de l'édition n°3018 du 11 au 17 août 2022.
**Logan,** Alan, **Dr Selhub,** Eva. *Comment la nature soigne notre cerveau.*
**Pascal,** Emmanuel. *Les 3 émotions qui guérissent.*
**Rinpoché,** Denys. *Le grand livre de la pleine présence.*
**Ruiz,** Don Miguel. *Les 4 accords toltèques.*
**Tolle,** Eckhart, *Nouvelle Terre.*

# RESSOURCES

**Dr Debelle,** Formation : *Sophrologie Caycédienne*

**Greenberger,** Dennis, **Padesky,** Christine. *Changer vos émotions, changez votre vie*

**Havé,** Didier. Formation : *Déconstruire l'anxiété*

**Havé,** Didier. Formation : Formation : *Guérir des attaques de panique*

**Lemay,** François. Formation : *Ubuntu*

**Lemay,** François. Formation : *Reset +*

**Sanchez,** Claudia, **Lopez** Ricardo. Formation : *Sophrologie ludique*

**Sayegh** Joelle (Psychologue). Article *« Les besoins affectifs durant l'enfance pour le développement d'une personnalité saine »* du site internet : *www.psychologuesaint-brunorive-sud.com*

**Vigneron,** *David.* Formation : *« Formation en EFT »*

*L'Agence française de sécurité sanitaire des aliments (Afssa)*

*https://sciencepost.fr/combien-de-pensees-vous-avez-par-jour/*

*https://www.groupe-igs.fr/actualites/les-master-class-un-format-de-plus-en-plus-plebiscite*

*https://www.doctissimo.fr/psychologie/toc/phobie-impulsions*

*https://www.passeportsante.net/fr/psychologie/Fiche.aspx?doc=phobies-impulsions*

*https://www.doctissimo.fr/grossesse/psychologie-enceinte/bien-dans-sa-tete-apres-l-accouchement/post-partum-et-phobie-d-impulsion*

*https://observatoireprevention.org/2021/07/08/les-bienfaits-de-la-nature-sur-la-sante-globale/*

*https://www.checkyourhealth.ch/fr/quelle-est-la-relation-entre-les-hormones-et-lanxiete/*

*https://www.larousse.fr/dictionnaires/francais/besoin/8907*

*https://www.passeportsante.net/fr/Maux/Problemes/Fiche.aspx?doc=syndrome-ehlers-danlos_pm*

*https://www.futura-sciences.com/sante/definitions/maladie-stress-post-traumatique-17807/*

*https://www.jepense.org/equanimite-definition-bouddhisme/*

*https://www.passeportsante.net/fr/Nutrition/PalmaresNutriments/Fiche.aspx?doc=tyrosine_nu*

*https://sante.journaldesfemmes.fr/fiches-anatomie-et-examens/2631005-endorphines-definition-secretion-effets-contre-la-douleur/*

*https://apprendreaeduquer.fr/les-4-hormones-du-bonheur-leurs-effets-et-des-actions-pour-les-declencher/*

# NOTES

## 2. Le mécanisme d'auto-destruction de nos croyances limitantes (croyances internes)

1. **Nous avons environ 6200 pensées par jour** : voir article 17 juillet 2020 de Brice Louvet «*Voici combien de pensées vous avez par jour, selon une étude* » sur le site sciencepost.fr

## 4. Les blessures et expériences vécues dans le passé:

1. Psychologue Joelle Sayegh, article « **Les besoins affectifs durant l'enfance pour le développement d'une personnalité saine** » sur son site internet : www.psychologuesaint-brunorive-sud.com

## 7. Désaturer son mental

1. « **I love that !** » : Traduction « J'adore ça ! »

Printed in France by Amazon
Brétigny-sur-Orge, FR

15186204R00114